Die Cholesterin Minus Kur

Dr. Gunther Hölz · Helmut Million

Die Cholesterin Minus Kur

So senken Sie Ihr Infarktrisiko
Gerichte, die wirklich schmecken
Alle Rezepte mit Angaben zu Cholesterin, Gesamtfett und den wichtigsten Fettsäuren
Mit einem Vorwort von Prof. Dr. med. Gerd Assmann

FALKEN

INHALT

VORWORT

Der Begriff „Cholesterin“ ist heute in aller Munde und die Diagnose „zu hoher Blutcholesterinspiegel“ fast jedem bekannt. Störungen des Fettstoffwechsels, die zu einem Ansteigen der Blutfette, vor allem des Cholesterins führen, sind der häufigste und wohl wichtigste Risikofaktor für die Entstehung von Herz-Kreislauf-Erkrankungen: Sie vergrößern ganz erheblich die Gefahr, daß sich Arteriosklerose entwickelt. Auf Einzelheiten wird in der Einleitung dieses Buches eingegangen, ebenso auf die anderen Risikofaktoren, die in diesem Zusammenhang von Bedeutung sind.
Die meisten Risikofaktoren (Fettstoffwechselstörungen, Bluthochdruck, Diabetes mellitus, Gicht und Übergewicht) sind ernährungsabhängig, das heißt, bei ihrer Entstehung spielen unsere fehlerhaften Ernährungsgewohnheiten zumeist eine entscheidende Rolle. Besonders augenfällig ist die Tatsache, daß bei ausgeprägtem Übergewicht die genannten Risikofaktoren sehr viel häufiger auftreten als bei normalem Körpergewicht.
Im Gegensatz zu vielen anderen Erkrankungen können wir selbst also mit der richtigen Ernährung wesentlich dazu beitragen, daß Risikofaktoren gar nicht erst entstehen beziehungsweise daß bereits vorhandene beseitigt werden.
Sowohl Ernährungsexperten als auch betroffene Patienten wissen aber auch, wie schwer es fällt, vertraute Ernährungsgewohnheiten zu ändern und neue Verhaltensweisen dauerhaft beizubehalten. Ernährung bedeutet für uns alle ja nicht nur Nahrungsaufnahme, um den Körper mit Energie und Nährstoffen zu versorgen, sondern sie ist ein ganz zentraler Bestandteil unseres täglichen Lebens: Wir verbinden damit auch Genuß, Lebensfreude, Geselligkeit und vieles andere mehr. Dabei sehen wir uns einem unerschöpflichen Lebensmittelangebot und einer großen Vielfalt verschiedenartiger Produkte gegenüber, auf die wir nur ungern verzichten möchten.
Nun eilt einer Kost zum Abnehmen, noch dazu einer fett- und cholesterinarmen, nicht unbedingt der Ruf voraus, diese Ansprüche erfüllen zu können. Im Gegenteil, viele Patienten sehen in ihr eine eintönige, langweilige und geschmacklich wenig attraktive Diät, die zudem nicht gut sättigt.

Die Rezepte in diesem Buch sollen Ihnen zeigen, daß es – entgegen dem weitverbreiteten Vorurteil – durchaus möglich ist, gesund und gleichzeitig mit viel Genuß zu essen. Sie finden eine Vielzahl delikater und abwechslungsreicher Gerichte für alle Mahlzeiten des Tages. Die Rezepte sind nicht nur kalorien-, fett- und cholesterinarm, sondern gleichzeitig reich an Ballaststoffen. Sie sorgen unter anderem für eine gute Sättigung, und dies ist – neben dem guten Geschmack einer Reduktionskost – eine entscheidende Voraussetzung für die erfolgreiche Gewichtsabnahme. Einige beispielhafte Tagespläne (Seite 124) geben Ihnen darüber hinaus Anregungen, wie Sie die einzelnen Rezepte miteinander kombinieren können.
Die Gerichte enthalten ausreichende Mengen an allen lebensnotwendigen Nähr- und Inhaltsstoffen, so daß trotz eingeschränkter Energiezufuhr die Ernährung gesund und vollwertig ist. Außerdem sind die Rezepte nicht nur für Patienten mit erhöhtem Cholesterinspiegel geeignet, sondern ebenso bei Diabetes mellitus, Bluthochdruck und erhöhten Harnsäurewerten zu empfehlen.
Und nicht zuletzt können Sie mit den Speisen und Gerichten in diesem Buch – eventuell mit leicht vergrößerten Mengen – der ganzen Familie eine vielseitige, schmackhafte und auch das Auge ansprechende Feinschmeckerkost anbieten, mit der auf überzeugende Weise der Grundstein für eine dauerhaft gesunde Ernährungsweise gelegt werden kann.

ERNÄHRUNG BEI FETTSTOFF-WECHSELSTÖRUNGEN

Cholesterin ist ausschließlich in tierischen Produkten enthalten

Dieses Kochbuch wendet sich vor allem an jene Menschen, bei denen erhöhte Blutfettwerte, das heißt in erster Linie erhöhte Cholesterin- und/oder erhöhte Triglyceridwerte (Triglyceride werden auch als Neutralfette bezeichnet), festgestellt wurden. Es ist jedoch kein „Diätkochbuch" für Kranke, es ist vielmehr für alle gedacht, die sich gesund und bewußt ernähren wollen.

Nach wie vor sind arteriosklerosebedingte Herz-Kreislauf-Erkrankungen in Deutschland die häufigste Todesursache. Für die Entstehung der Arteriosklerose, umgangssprachlich häufig als Arterienverkalkung bezeichnet, stellen eine ganze Reihe von Faktoren ein Risiko dar. Eine wesentliche Rolle spielen dabei die Fettstoffwechselstörungen; bei den Erkrankungen der Herzkranzgefäße ist eine Erhöhung des Cholesterinspiegels Risikofaktor Nummer 1.

Wir stellen Ihnen im folgenden die Risikofaktoren vor, so können Sie leicht einschätzen, ob Sie gefährdet sind. Die Wahrscheinlichkeit, an der Arteriosklerose zu erkranken, erhöht sich ganz drastisch, wenn mehrere Risikofaktoren vorliegen.

Die Risikofaktoren

Wir unterscheiden unveränderbare und beeinflußbare Risikofaktoren.

Unveränderbare Risikofaktoren sind das Alter, das männliche Geschlecht und eine positive Familienanamnese, das heißt, daß arteriosklerosebedingte Gefäßerkrankungen in Ihrer Familie bereits häufig aufgetreten sind.

Beeinflußbare Risikofaktoren sind Fettstoffwechselstörungen, Bluthochdruck, Rauchen, Blutzuckererhöhung, Übergewicht, erhöhte Harnsäurewerte, Bewegungsmangel und ungünstige psychosoziale Einflüsse. Diese Faktoren können Sie in den meisten Fällen durch Änderung Ihrer Lebensweise und vor allem Ihrer Ernährungsgewohnheiten positiv beeinflussen.

Die wichtigsten Blutfette

Cholesterin

Unter den verschiedenen Blutfetten spielt das Cholesterin sicherlich eine dominante Rolle. Cholesterin ist für unseren Körper lebensnotwendig, denn es ist ein wichtiger Bestandteil der Zellmembran, wird für die Synthese von vielen Hormonen benötigt und ist zur Bildung der Gallensäuren wichtig. Cholesterin wird von unserem Organismus auch selbst hergestellt. Das durch die Nahrung aufgenommene Cholesterin stammt ausschließlich aus tierischen Produkten, insbesondere aus Fleisch- und Wurstwaren, Milch und Milchprodukten sowie aus Eigelb.

Triglyceride (Neutralfette)

Auch erhöhten Triglyceridwerten wird aufgrund neuer Untersuchungen eine Bedeutung als Risikofaktor für die Entstehung der Arteriosklerose beigemessen, vor allem wenn Sie mit niedrigen HDL-Werten (siehe unten) einhergehen. Zusätzlich besteht bei sehr hohen Triglyceridwerten im Blut (mehr als 1000 mg/dl) die Gefahr einer Bauchspeicheldrüsenentzündung.

Die im Blut nachgewiesenen Triglyceride stammen aus dem aufgenommenen Nahrungsfett, sie können aber auch aus anderen Energiequellen, wie den Kohlenhydraten, gewonnen werden. Wird zuviel Nahrungsenergie aufgenommen, kann der Überschuß in Triglyceride umgewandelt werden, die dann in den Fettzellen gespeichert werden. Neutralfette sind der Hauptbestandteil des menschlichen und tierischen Fettgewebes.

Lipoproteine

Da Cholesterin und andere Fette im Blut nicht löslich sind, bilden sie Verbindungen mit Eiweißen. Es entstehen die sogenannten Fett-

Eiweiß-Verbindungen oder Lipoproteine, in denen Fett und Cholesterin im wäßrigen Blutserum transportiert werden können. Je nach ihrer Dichte lassen sich die Lipoproteine unterscheiden. Am wichtigsten bei der Beurteilung der arteriosklerotischen Risikofaktoren sind das LDL (=Low-Density-Lipoprotein = Fett-Eiweiß-Verbindung mit niedriger Dichte) und das HDL (= High-Density-Lipoprotein = Fett-Eiweiß-Verbindung mit hoher Dichte).
Obwohl beide Stoffe Cholesterin transportieren, haben sie doch ganz unterschiedliche Aufgaben. LDL beispielsweise bringt Fett und Cholesterin von der Leber zu den Zellen und Organen. Eine Erhöhung des LDL-Spiegels spielt bei der Entstehung der Arteriosklerose wohl die wichtigste Rolle und gilt somit als Hauptrisikofaktor für die koronare Herzkrankheit. Umgangssprachlich heißt es deshalb auch „das böse Cholesterin". Im Gegensatz dazu ist HDL in der Lage, Cholesterin aus dem Blut und den Körperzellen aufzunehmen und zur Leber zurückzutransportieren. Dort wird es dann mit der Gallenflüssigkeit über den Darm ausgeschieden. In mehreren Studien wird dem HDL eine gewisse Schutzfunktion zugeschrieben, das heißt, ein erhöhter HDL-Spiegel im Blut geht mit einem erniedrigten Risiko für eine koronare Herzkrankheit einher.

Normalwerte

Da die Arteriosklerose über viele Jahre unbemerkt verläuft und keine Beschwerden bereitet, sollten Sie Ihre Blutfettwerte regelmäßig kontrollieren lassen, um Ihr Erkrankungsrisiko besser einschätzen zu können. Leider ist in vielen Fällen auch heute noch der Verschluß eines Blutgefäßes, wie beim Herzinfarkt oder Schlaganfall, der erste Hinweis auf die Krankheit. Nur wenn Sie Ihre Risikofaktoren kennen, können Sie gemeinsam mit Ihrem Arzt versuchen, diese positiv zu beeinflussen und somit das Erkrankungsrisiko herabzusetzen. Aus neueren Untersuchungen ist bekannt, daß bei besonders intensiver Behandlung der Risikofaktoren teilweise sogar eine gewisse Rückbildung der Gefäßveränderungen erreicht werden kann.
Die im Nüchternblut gemessene Cholesterin- und Triglyceridspiegel sollten den Wert von 200 mg/dl nicht überschreiten. Ob mäßig erhöhte Werte (200–250 mg/dl) bereits eine Gefahr darstellen, hängt ganz entscheidend davon ab, ob noch andere Risikofaktoren vorliegen. Bei Werten über 250 mg/dl nimmt das Risiko der Arterioskleroseentstehung auf jeden Fall ganz erheblich zu.
Für das LDL-Cholesterin ist ein Wert bis 155 mg/dl wünschenswert, liegen jedoch weitere Risikofaktoren vor, sollte ein Zielwert von 135 mg/dl angestrebt werden. Der HDL-Cholesterinwert sollte höher als 35 mg/dl sein (siehe Tabelle unten).
Ist bei Ihnen eine Erkrankung für die erhöhten Blutfettkonzentrationen verantwortlich, wird Ihr Arzt dies mit Ihnen besprechen. Es kommt zwar sehr selten vor, jedoch können Schilddrüsenfunktionsstörungen, chronische Nierenerkrankungen und auch bestimmte Medikamente zu einer Fettstoffwechselstörung führen. Erhöhte Blutzuckerwerte und vermehrter Alkoholkonsum sind häufig mit einer Erhöhung des Triglyceridspiegels verbunden.
Bleibt Ihr Cholesterinwert trotz länger durchgeführter und intensiver Ernährungstherapie deutlich zu hoch, ist auch an eine erbliche Fehlanlage zu denken. Dabei kann zum Beispiel Cholesterin nicht ausreichend von der Zelle aus dem Blut aufgenommen werden, Wissenschaftler nennen dies einen LDL-Rezeptordefekt. Hatten in Ihrer Familie bereits mehrere Mitglieder eine koronare Herzkrankheit oder einen Herzinfarkt, sollten Sie Ihren Arzt dazu befragen. Der ganz überwiegende Teil der Fettstoffwechselstörungen ist jedoch zumindest teilweise ernährungsabhängig und läßt sich auch durch eine entsprechende Therapie beeinflussen.

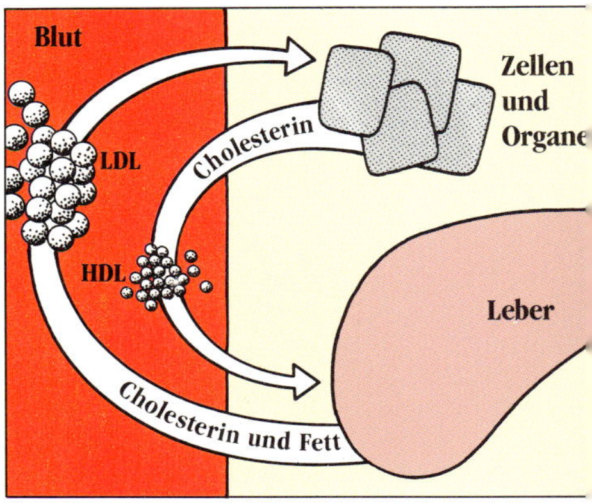

Die LDL bringen Fett und Cholesterin von der Leber zu den Zellen und Organen. Die HDL bringen Cholesterin aus dem Blut und den Zellen zur Leber zurück

Zielwerte der Blutfette

	ohne weiteren ausgeprägten Risikofaktor	**mit einem weiteren ausgeprägten Risikofaktor oder mehreren Risikofaktoren**
LDL-Cholesterin	155 mg/dl	135 mg/dl
Serumcholesterin	200–215 mg/dl	200 mg/dl
Serumtriglyceride	200 mg/dl	200 mg/dl

Makrele, Hering und Lachs enthalten wertvolle Omega-3-Fettsäuren

Die Nahrungsfette

Ein Zusammenhang zwischen einer hohen Fettzufuhr durch die Nahrung und erhöhten Blutfettwerten ist heute gesichert. Dabei spielt sowohl die Gesamtfettzufuhr als auch die Art der aufgenommenen Fette eine Rolle. Wir unterscheiden im wesentlichen zwischen gesättigten Fettsäuren und mehrfach ungesättigten Fettsäuren, die sich wiederum in einfach und mehrfach ungesättigte Fettsäuren unterteilen.

Gesättigte Fettsäuren

Fette mit vorwiegend gesättigten Fettsäuren finden wir fast ausschließlich in tierischen Produkten, die einzig bedeutenden Ausnahmen innerhalb der pflanzlichen Lebensmittel sind Palmöl und Kokosfett. Typisch für Fette dieser Gruppe sind ihre feste Konsistenz bei Zimmertemperatur.
Insbesondere durch den in den letzten Jahren enorm gestiegenen Verbrauch an Fleisch- und Wurstwaren, nehmen wir heute viel mehr Fett und damit einen hohen Anteil an gesättigten Fettsäuren zu uns als unserer Gesundheit zuträglich ist. Auch Milch und Milchprodukte spielen dabei eine wesentliche Rolle. Fettreiche Sorten sollten bei Fettstoffwechselstörungen nur noch eingeschränkt verwendet werden, und fette Käsesorten, größere Mengen Butter und Sahne sollten Sie meiden.
Auch Backwaren, einige Küchenfette, Schokolade und auch einige Margarinesorten enthalten überwiegend gesättigte Fettsäuren und sollten deshalb nicht verzehrt werden.

Ungesättigte Fettsäuren

Während eine hohe Zufuhr an gesättigten Fettsäuren zu einem Anstieg der Blutfettwerte führt, haben ungesättigte Fettsäuren eine gegenteilige, also cholesterinsenkende Wirkung. Dies trifft vor allem auf die mehrfach ungesättigten Fettsäuren zu. Doch auch einfach ungesättigte Fettsäuren zeigen laut neuester Untersuchungen einen leichten positiven Einfluß.
Fette mit einem hohen Anteil an ungesättigten Fettsäuren sind bei Zimmertemperatur meist flüssig und pflanzlichen Ursprungs. Wichtige Vertreter sind das Sonnenblumenöl, das Distelöl, das Maiskeimöl, das Sojaöl und Margarinesorten, die daraus hergestellt werden. Olivenöl und Erdnußöl haben einen vergleichsweise hohen Anteil an einfach ungesättigten Fettsäuren. Viele Seefische enthalten ebenfalls mehrfach ungesättigte Fettsäuren.
Eine wichtige Untergruppe der mehrfach ungesättigten Fettsäuren ist die **Omega-3-Fettsäure,** die in nennenswerten Mengen in fettreichen Seefischarten, wie Lachs, Makrele oder Thunfisch, enthalten ist.
Verschiedene Untersuchungen haben gezeigt, daß diese Fettsäuren günstige Wirkungen auf bestimmte Fettstoffwechselstörungen haben können. Die Senkung der Neutralfette ist hierbei am eindeutigsten. Auch konnte gezeigt werden, daß in Bevölkerungsgruppen mit reichlichem Seefischverzehr die Häufigkeit der koronaren Herzerkrankung niedriger ist. Auch wenn noch nicht alle Wirkungen der Omega-3-Fettsäuren geklärt sind, können 1 bis 2 Fischmahlzeiten pro Woche empfohlen werden, besonders geeignet sind dabei Makrele, Hering und Lachs (Fischrezepte finden Sie auf Seite 98 bis 109).

Richtige Lebensführung bei erhöhten Blutfettwerten

Mit alten Gewohnheiten brechen

Versuchen Sie, Ihre Lebensgewohnheiten und damit auch Ihre Ernährungsgewohnheiten schrittweise zu ändern. Sind Sie übergewichtig, so ist es sicherlich der erste und wichtigste Schritt, überflüssige Pfunde abzubauen und Ihr Normalgewicht anzustreben. Denn außer für die Erhöhung der Blutfette ist Übergewicht für die Entstehung von Bluthochdruck und Zuckerkrankheit ganz wesentlich verantwortlich. Darüber hinaus belastet Übergewicht auch alle Ihre Gelenke und das Herz-Kreislauf-System.
Selbstverständlich ist es nicht ganz leicht, Übergewicht abzubauen. Die Betroffenen unter Ihnen wissen dies. Der feste Vorsatz reicht oft nicht aus. Zu groß sind die Verführungen von außen. Setzen Sie sich deshalb ein erreichbares Ziel, zum Beispiel 1 kg pro Monat, und verfolgen Sie dann diesen Weg konsequent. Bevor Sie zur Tat schreiten, machen Sie sich folgendes klar: Übergewicht entsteht in fast allen Fällen durch eine zu hohe Kalorienzufuhr. Es wird mehr gegessen, als benötigt wird, und der Energieüberschuß wird für „Notzeiten" in den Fettzellen deponiert.
Ihren exakten Energiebedarf zu messen, ist relativ schwierig. Deshalb hier einige Richtwerte: Bei überwiegend sitzender (Büro-)Tätigkeit liegt der Energiebedarf von Männern

bei 2400 +/– 200 kcal und von Frauen bei 2200 +/– 200 kcal.
1 kg Übergewicht (Fettgewebe) entspricht 6000 bis 7000 kcal. Um dies abzubauen, bestehen zwei Möglichkeiten. Sie können einerseits Ihren Energiebedarf erhöhen, zum Beispiel durch sportliche Betätigung, andererseits Ihre Energiezufuhr reduzieren. Am besten kombinieren Sie beides. Wollen Sie die Gewichtsreduktion aber allein durch die Einschränkung der zugeführten Energiemenge erreichen, so gilt als Faustregel: pro Tag etwa 1000 kcal weniger essen als es Ihrem Energiebedarf entspricht.
Verlassen Sie sich nicht auf einseitige Diät, die in kürzester Zeit großen Erfolg versprechen. Wählen Sie statt dessen eine fett- und energiereduzierte gemischte Kost mit einem hohen Anteil an Ballaststoffen, Vitaminen und Mineralstoffen.
Die Ernährung bei Fettstoffwechselstörungen entspricht in ihren Grundzügen diesen Empfehlungen. Bevorzugen Sie während einer Gewichtsreduktion besonders kalorienarme Rezepte.

Essen Sie reichlich Gemüse, Salate, Obst, Vollkorn und Vollkornprodukte – sie liefern viele Ballaststoffe, Vitamine und Mineralien, aber wenig Fett

Die wichtigsten Grundsätze für eine Ernährung bei Fettstoffwechselstörungen

1. Ihre Nahrung sollte **kalorienbegrenzt** sein, insbesondere wenn Sie zu Übergewicht neigen. Das heißt, nehmen Sie nie mehr Energie zu sich als Sie benötigen. Am leichtesten läßt sich dies an Hand Ihres Gewichts kontrollieren. Wiegen Sie sich regelmäßig, zum Beispiel einmal in der Woche, und bauen Sie leichtes Übergewicht sofort ab.
2. Ihre Nahrung sollte **fettbegrenzt** sein, die Gesamtfettmenge muß also deutlich reduziert werden. Die Fettzufuhr sollte gemessen an der gesamten Energiezufuhr 30 Prozent nicht überschreiten, bei schwerer Fettstoffwechselstörung kann eine Fettbegrenzung auf 25 Prozent notwendig sein. Da 1 g Fett 9 kcal liefert, entspricht dies bei einem Energiebedarf von 2400 kcal etwa 80 g reinem Fett. Wenn Sie bedenken, daß derzeit durchschnittlich etwa 40 Prozent unserer Nahrungskalorien aus Fett stammen, verstehen Sie, wie wichtig diese Maßnahme ist.
3. Ihre Nahrung sollte **fettmodifiziert** sein, das heißt, auf die Wahl der richtigen Fette kommt es an. Einfach und mehrfach ungesättigte Fettsäuren sollten in Ihrer Nahrung überwiegen, die gesättigten Fettsäuren sollten soweit wie möglich gemieden werden. Wissenschaftler bezeichnen das Verhältnis von mehrfach ungesättigten Fettsäuren zu gesättigten Fettsäuren als PS-Quotienten. Überwiegen die mehrfach ungesättigten Fettsäuren in Ihrer Nahrung, liegt dieser Quotient über 1. Die Tagespläne auf Seite 124 zeigen, daß Sie dies mit unseren Rezepten bequem erreichen.
Diese Empfehlung hört sich schwierig an, ist in der Praxis jedoch ganz einfach. Gesättigte Fettsäuren kommen in großen Mengen nur in tierischen Lebensmitteln vor, also in Butterschmalz, Fleisch- und Wurstwaren, Milch- und Molkereiprodukten. Die günstigeren ungesättigten Fettsäuren sind in pflanzlichen Fetten enthalten, sie liefern im Gegensatz zu tierischen Fetten auch kein Cholesterin und sind auch aus diesem Grund vorzuziehen. Eine gesunde und an die Fettstoffwechselstörung angepaßte Ernährungsform bevorzugt deshalb pflanzliche Fette, auf tierische Fette wird weitgehend verzichtet.
4. Ihre Nahrung sollte **ballaststoffreich** sein, 30 g Ballaststoff pro Tag sollten Sie anstreben. Ballaststoffe sind nur in pflanzlichen Lebensmitteln enthalten. Steigern Sie deshalb den Verzehr von Salaten, Gemüse und Obst. Auch Frischkost sollte einen wichtigen Platz auf Ihrem Speisezettel einnehmen.
Verwenden Sie frisch geschrotetes Vollgetreide oder Vollkornprodukte, da diese im Gegensatz zu den Auszugsmehlen und den Weißmehlprodukten die vitamin-, mineralstoff- und ballaststoffreichen Schalenanteile enthalten.

Pflanzliche Fette liefern viele mehrfach ungesättigte Fettsäuren und enthalten kein Cholesterin

Wie köstlich dies alles schmecken kann, können Sie an Hand der Rezepte in diesem Buch selbst erleben. Vollwertgerichte sind deshalb auch für Feinschmecker ganz hervorragend geeignet.

5. Ihre Nahrung sollte **cholesterinarm** sein. Das heißt, nehmen Sie nie mehr als 300 mg Cholesterin pro Tag zu sich. Sie werden sich wundern, daß dieser Punkt nicht an erster Stelle steht. Er spielt aber tatsächlich bei den Ernährungsempfehlungen bei Fettstoffwechselstörungen eine untergeordnete Rolle, da bei Berücksichtigung der oben genannten Punkte Ihre Nahrung automatisch cholesterinarm ist.

Cholesterin kommt nur in tierischen Produkten vor. Für Sie heißt dies im wesentlichen, Fleisch-, Wurstwaren und fette Käsesorten müssen gemieden beziehungsweise deutlich eingeschränkt werden. Suchen Sie sich deshalb Alternativen für Brotaufstriche und -beläge, denn sie sind in aller Regel cholesterinreich und enthalten viele gesättigte Fettsäuren. Einige Vorschläge in diesem Buch eröffnen Ihnen neue schmackhafte Alternativen. Darüber hinaus sind sehr gute pflanzliche Brotaufstriche in Reformhäusern und Naturkostläden erhältlich. Wenn Sie diese Empfehlung berücksichtigen, haben Sie Ihre Cholesterinzufuhr schon ganz wesentlich gesenkt.

Bleibt noch der wichtige Hinweis auf das cholesterinreiche Eigelb. Das meiste Eigelb kaufen Sie „versteckt“. Achten Sie deshalb beim Kauf von Teigwaren auf eifreie Zubereitungen, sie werden sehen, daß dies keinerlei Geschmackseinschränkung bedeutet. Lesen Sie vor allem bei Halbfertig- und Fertigprodukten die Zutatenliste, bevor sie die Lebensmittel auswählen, sie können ebenfalls Eigelb enthalten. Auch bei manchen Backwaren kann auf Eigelb verzichtet werden, wie einige Rezepte zeigen. Wenn Sie dies alles berücksichtigen, brauchen Sie auf Ihr geliebtes Frühstücksei am Sonntag nicht unbedingt zu verzichten.

6. Eine vernünftige Ernährung sollte **zuckerarm** sein, das heißt, der Verzehr von Zucker und Süßigkeiten sollte weitgehend eingeschränkt werden. Sie haben nicht nur eine nachteilige Wirkung auf die Blutfette, sondern sind auch für die Entstehung einiger anderer Krankheiten zumindest mitverantwortlich. Darüber hinaus liefern sie nur „leere Kalorien“, also keine Vitamine oder Mineralstoffe. Auch viele Getränke, wie Limonaden und koffeinhaltige Erfrischungsgetränke enthalten eine Menge Zucker. Bevorzugen Sie statt dessen Mineralwasser, Früchtetees, und trinken Sie Kaffee und Tee nur in Maßen.

Reduzieren Sie Ihren Alkoholkonsum

Rauchen ist auch einer der vermeidbaren Risikofaktoren

Treiben Sie regelmäßig den Sport, der Ihnen Spaß macht

7. Auch Alkohol schädigt in vielfacher Weise Ihre Gesundheit. Die volkswirtschaftlichen Kosten für alkoholbedingte Erkrankungen sind enorm hoch. Bei den Fettstoffwechselstörungen ist Alkohol vor allem für die Erhöhung der Triglyceridwerte verantwortlich. Er liefert aber vor allem viele Kalorien und ist bei der Entwicklung von Übergewicht häufig ganz wesentlich beteiligt.

Knapp ein Fünftel der Kalorien ist durchschnittlich auf Getränke wie Limonaden, Colagetränke und Alkohol zurückzuführen, deshalb ist die genannte Empfehlung ausgesprochen wichtig und sollte ernstgenommen werden.

Was können Sie sonst noch tun?

Bei einer sinnvollen Behandlung von Fettstoffwechselstörungen müssen selbstverständlich alle andere Risikofaktoren beachtet und, wenn möglich, ausgeschaltet werden. Neben Über- beziehungsweise Fehlernährung sind sicherlich Bewegungsmangel und Nikotinkonsum die wichtigsten vermeidbaren Risikofaktoren. Wenn Sie es allein noch nicht geschafft haben, **auf das Rauchen zu verzichten,** sollten Sie es einmal in einer Gruppe versuchen. Oft bieten Krankenkassen oder Volkshochschulen Kurse an, in denen Sie gemeinsam mit Mitbetroffenen lernen können, mit dem Rauchen aufzuhören.

Wichtig bei der Behandlung von Stoffwechselstörungen, wie erhöhten Blutfetten oder Zuckerkrankheit, ist die **körperliche Bewegung.** Es fällt Ihnen sicherlich viel leichter, Übergewicht zu vermeiden oder abzubauen, wenn Sie Ihre körperliche Aktivität steigern. Außerdem kann dies Ihr „schützendes“ HDL-Cholesterin erhöhen. Verzichten Sie zunächst auf sogenannte „Bequemlichkeiten“, steigen Sie wieder Treppe anstatt den Fahrstuhl zu benützen, ebenso können kurze Wegstrecken zum Einkaufen oder zur Arbeit gut zu Fuß zurückgelegt werden.

Betreiben Sie regelmäßig Sport, natürlich immer Ihren eigenen Möglichkeiten angepaßt. Da besonders bei bestehender koronarer Herzerkrankung Sport auch gefährlich sein kann, sollten Sie vorher mit Ihrem Arzt darüber sprechen. Vielleicht ist für manche ein regelmäßiger Spaziergang schon richtig und ausreichend, für andere hingegen ist ein intensives Lauf- oder Radfahrtraining geeignet. Gesundheitlichen Erfolg können Sie jedoch nur verzeichnen, wenn Sie Ihr Bewegungsprogramm mindestens dreimal in der Woche durchführen.

Nach kurzer Zeit werden Sie merken, wie Ihre Leistungsfähigkeit zunimmt und Sie wieder mehr Freude an der Bewegung bekommen. Fällt es Ihnen anfangs schwer, sich zu überwinden, schließen Sie sich einem Lauftreff oder einer Wandergruppe an. Völlig ungeeignet sind reine Kraftübungen, die lediglich dem Muskelaufbau dienen.

Essen Sie weniger Fleisch und Wurstwaren, dafür mehr Salat, Gemüse und Obst

Der Arteriosklerose vorbeugen

Natürlich ist es besser, der Arteriosklerose vorzubeugen, als sie zu behandeln. Fälschlicherweise wird oft behauptet, daß die Behandlung der Fettstoffwechselstörung nur bei jüngeren Menschen sinnvoll ist. In wissenschaftlichen Studien konnte aber gezeigt werden, daß auch eine schon bestehende Arteriosklerose zum Stillstand gebracht werden kann oder Veränderungen sich sogar zurückbilden können. Sie werden verstehen, daß deshalb unsere Empfehlungen für alle Altersgruppen Gültigkeit haben. Wenn man sieht, welche oft schlimmen Folgen eine koronare Herzerkrankung oder auch ein Schlaganfall für den Betroffenen mit sich bringt, sollten alle Anstrengungen unternommen werden, dies zu verhindern. Es geht dabei nicht nur darum, das Leben zu verlängern, wichtig ist vielmehr, daß Sie auch im Alter noch ein aktives und erfülltes Leben führen können.
Allein durch Umstellung Ihrer Ernährung können Sie Ihre Blutfette um durchschnittlich 20 Prozent senken. Wenn man bedenkt, daß schon eine 1prozentige Cholesterinsenkung das Herzinfarktrisiko um 2 Prozent senkt, ist dies ein gewaltiger Schritt.
Jeder medikamentösen Behandlung der Fettstoffwechselstörung sollte mindestens eine dreimonatige diätetische Behandlung vorausgehen. Auch wenn Sie schon regelmäßig die von Ihrem Arzt verordneten Medikamente gegen erhöhte Blutfette einnehmen, können diese nur bei Einhaltung der Ernährungsempfehlungen optimal wirken.
Sie sehen, daß Sie durch die empfohlene Änderung der Lebensgewohnheiten nicht nur Risikofaktoren, wie Fettstoffwechselstörung, Bluthochdruck oder auch die Zuckerkrankheit, günstig beeinflussen können, auch Ihr persönliches Wohlbefinden wird sich Schritt für Schritt verbessern.
Mit alten Gewohnheiten brechen ist für Sie ein ganz wichtiger Entschluß. Verfolgen Sie Ihren jetzt gewählten Weg konsequent, und lassen Sie sich nicht durch kleinere Rückschläge aufhalten. Über viele Jahre eingefahrene und praktizierte Ernährungs- und Lebensgewohnheiten lassen sich nicht von heute auf morgen ändern.

Bevorzugen Sie Vollkornprodukte

Wichtige Grundregeln bei erhöhten Blutfettwerten

1. Streben Sie Normalgewicht an.
2. Reduzieren Sie die Energiezufuhr in Ihrer Nahrung, wenn Sie übergewichtig sind.
3. Reduzieren Sie den Fettanteil auf 30 Kalorienprozente.
4. Essen Sie weniger Fleisch und Wurstwaren, dafür mehr Salat, Gemüse und Obst.
5. Bevorzugen Sie Vollkornprodukte.
6. Erhöhen Sie den Ballaststoffanteil in Ihrer Nahrung.
7. Vermeiden Sie Zucker, Süßigkeiten, Schokolade und zuckerhaltige Getränke.
8. Reduzieren Sie Ihren Alkoholkonsum.
9. Vermeiden Sie das Rauchen.
10. Treiben Sie regelmäßig Sport.
11. Meiden Sie stark cholesterinhaltige Nahrungsmittel.
12. Versuchen Sie, Streß abzubauen.

Lebensmittelauswahl bei Fettstoffwechselstörungen

Lebensmittel	geeignet	in Maßen geeignet	ungeeignet
Gemüse, Salate, Kartoffeln, Obst	alle Sorten, frisch oder tiefgefroren, als Rohkost oder fettarm zubereitet, alle Hülsenfrüchte sowie Samen und Sprossen, ungezuckertes Obstkompott	Gemüsekonserven, gezukkerte Obstkonserven, Avocado, Oliven, Trockenobst, kandierte Früchte, Nüsse und Samen	Gemüse und Kartoffeln in fettreichen Zubereitungen, Kartoffelchips, Kartoffelsalat mit Mayonnaise, gesüßte Fruchtsäfte, Kokosnuß
Getreideerzeugnisse und Backwaren	Vollkornbrot, Vollkornteigwaren, Vollkornmehle, Vollkornflocken, alle Getreidearten, wenig gesüßtes Vollkorngebäck	helle Auszugsmehle, helle Brotsorten, weißer Reis, helle Teigwaren, Zwieback, Stärke	Buttertoast, Croissants, Blätterteiggebäck, mit Zucker gesüßte Backwaren, fette Torten, Eierteigwaren, handelsübliche Müslimischungen, Salz- und Käsegebäck
Milch, Milchprodukte und Eier	Magermilch, fettarme Milch, magere Käsesorten (bis 30% Fett i. Tr.), Magerquark, fettarmer und Magerjoghurt, Buttermilch, magere Dickmilch, Kefir, Eiweiß	Speisequark mit 10% Fett i. Tr., saure Sahne, nicht mehr als 2 Eigelbe pro Woche	Vollmilch und Vollmilchgetränke, Vollmilch- und Sahnejoghurt, Kondensmilch, Sahne, Crème fraîche, Schmand, Butter, fette Käsesorten, Sahnequark, Fruchtjoghurt, mit Zucker gesüßt
Fisch und Fischerzeugnisse	magere Seefischarten, wie Kabeljau, Seelachs und Heilbutt, Hering, Makrele, Lachs und Thunfisch	geräucherte und gesäuerte Fischerzeugnisse, Fischkonserven ohne Öl und Sauce	Schalentiere, wie Muscheln und Austern, Ölsardinen, Fischkonserven, fettreiche Zubereitungen
Fleisch und Fleischerzeugnisse	Hähnchen, Pute, Kalbfleisch, Kaninchen, Wild und Wildgeflügel, Tatar, Geflügelwurst, Wurstsorten mit weniger als 10% Fett, magerer Schinken, Bratensorten	mageres Rind-, Schweine- und Lammfleisch, mageres Rinderhackfleisch, fettreduzierte Wurstwaren, gekochter Schinken ohne Fettrand	fettes Fleisch, Innereien, Schmalz, Speck, handelsübliche Wurstsorten, sichtbares Fett an Schinken, Fleischkonserven, Gans, Ente
Fette	der Fettverzehr sollte grundsätzlich eingeschränkt werden	pflanzliche Fette, wie Sonnenblumenöl, Distelöl, Maiskeimöl, Sojaöl, Olivenöl und daraus hergestellte Diätmargarinen	tierische Fette, wie Schweineschmalz, Gänseschmalz und Lebertran, Butter, Kokosfett, Palmöl, Palmkernfett, Margarinesorten, deren Zusammensetzung nicht bekannt ist
Süßspeisen und Süßwaren	fettarme Desserts, Obstsalate ohne Zucker, Süßstoffe	Marmeladen, Honig, Sirup, Kakaopulver, Zucker	Sahne- und eihaltige Süßspeisen, Eiskrem, Nuß-Nougat-Creme, Schokolade, Pralinen
Getränke	Mineralwasser, Tee, Diät- und ungezuckerte Erfrischungsgetränke, ungesüßter Fruchtsaft, Gemüsesaft	Malzbier, fettarme Kakaogetränke, Apfelwein, alkoholfreies Bier	zuckerhaltige Limonaden und Colagetränke, gesüßte Fruchtsäfte, Spirituosen, alkoholische Getränke

Cholesterinreiche Lebensmittel

	Lebensmittel je 100 g (eßbarer Anteil)	Cholesterin mg	Fett g	Brennwert kcal
Eier und Teigwaren	Hühnerei, 1 Stück (Gewichtsklasse 3, 60 g)	319	6,2	92
	Hühnerei, 1 Stück (Gewichtsklasse 5, 50 g)	267	5,2	77
	1 Hühnereigelb (mittelgroß, 20 g)	330	6,3	74
	Eierteigwaren	94	2,8	354
Milchprodukte und Käse	Crème fraîche 40% Fett	117	40,0	389
	Schlagsahne 30% Fett	109	31,0	310
	Schlagsahne extra 38% Fett	132	40,0	391
	Brie 50% F. i. Tr.	100	27,9	358
	Cheddar 45% F. i. Tr.	105	33,0	423
	Emmentaler 45% F. i. Tr.	92	30,0	416
	Frischkäse 60% F. i. Tr.	103	31,5	354
	Gorgonzola 50% F. i. Tr.	102	31,2	385
	Greyerzer 45% F. i. Tr.	110	32,3	436
Fette	Butter	240	82,8	771
	Butterschmalz	285	99,0	916
	Gänsefett/-schmalz	100	99,5	946
	Milchhalbfett (Butterhalbfett)	120	40,5	396
	Schweineschmalz	90	99,7	948
Fisch und Fischerzeugnisse	Aal	142	24,5	299
	Aal, geräuchert	195	32,9	407
	Bückling	90	15,5	241
	Garnelen	160	1,5	105
	Hering	91	14,9	222
	Hering, geräuchert	122	21,5	322
	Heringsfilet, Matjesart	99	36,5	403
	Hummer, frisch, gegart	135	1,9	88
	Kaviar, echt	300	15,5	286
	Kaviarersatz	261	13,5	248
	Krabben	160	1,5	105
	Krebsfleisch	160	1,5	105
	Makrele, geräuchert	109	17,5	293
	Miesmuscheln	148	1,3	56
Innereien	Kalbsbries	290	3,0	109
	Kalbshirn	2000	7,8	122
	Rinderherz	150	6,0	136
	Rinderniere	375	5,0	123
	Rinderzunge	100	16,0	226
Wurst- und Fleischwaren	Bauernbratwurst	125	22,8	384
	Bratwurst	111	22,1	300
	Bratwurst, geräuchert	125	22,6	383
	Cervelatwurst	101	30,4	407
	Gänseleberpastete	530	11,7	270
	Hausmacher Leberwurst	147	42,0	450
	Kalbsleberwurst	169	41,7	448
	Krakauer	97	14,3	275
	Leberpastete	137	34,8	388
	Mettwurst, grob	112	20,7	345
	Rostbratwurst	93	13,3	260
	Salami	117	31,3	439
	Schweinespeck, durchwachsen (Frühstücksspeck)	90	65,0	645

HINWEISE ZU DEN REZEPTEN

Alle Rezepte in diesem Buch sind so konzipiert, daß sie die Anforderungen an eine cholesterin- und fettarme Ernährung erfüllen. Sie sind, mit Ausnahme des Gebäcks, für zwei Personen gedacht, die **Nährwertberechnungen** am Ende der Rezepte beziehen sich jedoch nur auf **eine Portion.** So fällt es Ihnen leichter, einen Tagesplan für Ihre speziellen Anforderungen zusammenzustellen. Die Rezepte sind nicht ausdrücklich für eine kalorienreduzierte Kostform erstellt, viele sind jedoch so kalorienarm, daß sie auch für Übergewichtige geeignet sind. Wählen Sie die entsprechenden Gerichte nach Ihrem Kalorienbudget aus (siehe auch Tagespläne S. 124).

Alle **Mengenangaben** in der Zutatenliste beziehen sich auf **küchenfertige, das heißt auf geputzte und gewaschene Ware.** Ausnahmen sind jeweils angemerkt, hier werden Gemüse und Obst als Stück angegeben. Die folgende Liste zeigt Ihnen, von welchen Mengenangaben wir dabei ausgegangen sind.

Mengenangaben (küchenfertige Ware)

Bei Eßlöffeln und Teelöffeln wird normalerweise von gestrichenen Maßen ausgegangen.

<u>Gemüse</u>
1 Aubergine = 250 g
1 Fenchelknolle = 250 g
1 Fleischtomate = 250 g
1 TL Kapern = 5 g
1 mittelgroße Kartoffel = 80 g
1 kleine Möhre = 50 g
1 mittelgroße Möhre = 100 g
1 Paprikaschote = 150 g
1 Tomate = 50 g
1 kleine Zwiebel = 50 g

<u>Obst</u>
1 Apfel = 100 g
1 Banane = 120 g
1 Birne = 150 g
1 Grapefruit = 130 g
1 Mandarine = 45 g
1 Orange = 130 g
1 getrocknete Aprikose = 15 g
1 getrocknete Dattel = 7 g
1 Dörrpflaume = 7 g
1 getrocknete Feige = 20 g
1 EL Rosinen = 20 g

<u>Nüsse und Samen</u>
1 Haselnuß = 1 g
1 TL Mandelblättchen = 5 g
1 EL Mohn = 10 g
1 TL Kokosflocken = 5 g
1 EL Kürbiskerne = 10 g
1 EL Leinsamen = 10 g
1 Walnußkernhälfte = 2 g

<u>Brot</u>
1 dünne Scheibe Brot = 35 g
1 Scheibe Brot = 50 g
1 Brötchen = 50 g
1 Scheibe Knäckebrot = 10 g

<u>Sonstiges</u>
1 EL Milch = 15 ml
1 EL saure Sahne = 15 g
1 EL Honig = 20 g
1 TL Öl = 5 g
1 gehäufter EL Semmelmehl = 10 g
1 TL Tomatenmark = 5 g
1 EL Vollweizengrieß = 10 g

Die angegebenen **Zubereitungszeiten** umfassen die Zeiten für Vorbereitungen und die Garzeit eines Gerichts. Nur bei einzelnen Rezepten müssen längere Vorbereitungszeiten, wie Keimzeiten oder Quellzeiten und die Gehzeit von Teigen, eingeplant werden. Diese sind daher extra ausgewiesen.

Bei **Kräutern** und **Gewürzen** werden häufig keine Mengenangaben gemacht. Sie können diese also nach Belieben verwenden. Das trifft jedoch nicht auf **Salz** und salzhaltige Würzmischungen zu. Salzen Sie nur sehr sparsam, dies ist besonders für Bluthochdruckkranke wichtig.

Zum Süßen werden häufig **Trockenfrüchte** verwendet, greifen Sie auf ungeschwefelte

Ware zurück. **Delifruit** ist kein Süßungsmittel, sondern eine fertige Gewürzmischung aus Zimt, Koriander, Anis, Kardamom, Bourbonvanille und Nelken. Es ist in Reformhäusern erhältlich. **Kaltgepreßte Öle** sollten Sie möglichst nicht erhitzen, da sonst wertvolle Inhaltsstoffe zerstört oder verändert werden. Sie sind also vor allem für Salate geeignet. (Kaltgepreßte Öle sind aromatischer als normale. Wünschen Sie für ein Gericht diese besondere Geschmacksnote, so können Sie das Öl natürlich zum Kochen verwenden.) Nehmen Sie zum Kochen und Braten ansonsten **normale Öle** oder zum Andünsten und Backen **Diätmargarine** oder **Diät-Pflanzenfett**. Bei Diätmargarine handelt es sich um eine Margarinesorte mit einem hohen Anteil an ungesättigten Fettsäuren. Halbfettmargarine ist zum Erhitzen nicht geeignet.
In den Rezepten werden häufig **Keimlinge** und Sprossen verwendet. Einige gibt es heute schon in vielen Gemüseläden oder Supermärkten zu kaufen. Wie Sie Keime selbst ziehen können, erfahren Sie auf der Seite 126. **Wichtiges zum Kochen mit Getreide** können Sie auf Seite 125 nachlesen.
Bei der **Umstellung der Ernährung** auf eine ballaststoffreichere Kost kann es anfangs zu Verdauungsproblemen und zu Blähungen kommen. Nach einiger Zeit stellt sich die Darmflora jedoch auf die veränderte Ballaststoffzufuhr ein. Haben Sie ein wenig Geduld, denn eine faserreiche Kost hat gerade bei Fettstoffwechselstörungen so viele Vorteile, daß es sich lohnt, anfängliche Schwierigkeiten zu überwinden.

Zu den Nährwertberechnungen

Am Ende eines jeden Rezeptes finden Sie, bezogen auf eine Portion beziehungsweise ein Stück, die Angaben zu Kilokalorien sowie die enthaltenen Mengen an Eiweiß, Kohlenhydraten, Ballaststoffen, Cholesterin und Fett. Darüber hinaus sind der Anteil an mehrfach ungesättigten Fettsäuren, an einfach ungesättigten Fettsäuren und an gesättigten Fettsäuren sowie der P/S-Quotient berechnet.
Die Summe der Fettsäuren entspricht nur annähernd der angegebenen Fettmenge, da die Fettsäuren stets an Glycerin gebunden sind, dessen Menge dann jeweils die Differenz ausmacht.
Alle Nährwertberechnungen wurden von Bernd Stocker erstellt. Er ist Küchenmeister VKD in der Schule Schloß Salem. Die Berechnungen wurden mit dem Küchenwirtschaftsprogramm (KÜWI) erstellt (Nährwertanalysen nach dem Bundeslebensmittelschlüssel). Die Software stammt von Jürgen Stocker, Softwareentwicklung, Salem.

Erklärung der Abkürzungen bei den Nährwertberechnungen:

kcal	= Kilokalorien (1 kcal = 4,184 Kilojoule)
E	= Eiweiß
KH	= Kohlenhydrate
Bst.	= Ballaststoffe
Chol.	= Cholesterin
F	= Fett (= Gesamtfett)
MUF	= mehrfach ungesättigte Fettsäuren
EUF	= einfach ungesättigte Fettsäuren
ges. FS	= gesättigte Fettsäuren
P/S	= P/S-Quotient (man errechnet ihn, indem man die enthaltene Menge an mehrfach ungesättigten Fettsäuren durch die an gesättigten Fettsäuren teilt, also MUF geteilt durch ges. FS)

Erklärung der Abkürzungen in den Rezepten:

ca.	= zirka
dl	= Deziliter (1 dl = 100 ml)
EL	= Eßlöffel
g	= Gramm (1 g = 1000 mg)
kg	= Kilogramm (1 kg = 1000 g)
l	= Liter (1 l = 1000 ml)
mg	= Milligramm (1000 mg = 1 g)
Min.	= Minuten
ml	= Milliliter (1000 ml = 1 l)
Msp.	= Messerspitze
Std.	= Stunde
TL	= Teelöffel

FRÜHSTÜCKSIDEEN UND KLEINIGKEITEN FÜR ZWISCHENDURCH

Frühstücken Sie wie ein König! Es lohnt sich, dieses bekannte Sprichwort ernst zu nehmen, denn der Körper verwendet die Energie, die ihm in den ersten Stunden des Tages zugeführt wird, vor allem zur Muskeltätigkeit. Im Gegensatz dazu werden allzu reichlich aufgenommene Kalorien kurz vor der Nachtruhe eher in Fettdepots eingelagert.
Nehmen Sie sich daher für Ihr Frühstück ein wenig Zeit. Decken Sie den Tisch reichlich, abwechslungsreich und mit Lebensmitteln, die für eine cholesterinreduzierte Ernährung geeignet sind. Ein frisches Müsli aus Getreide, Obst und fettarmen Milchprodukten läßt viele Morgenmuffel munter werden. Als Grundlage können auch verschiedene Vollkornbrot- und Brötchensorten, belegt mit Geflügelaufschnitt, Corned beef, einem vegetarischen Aufstrich oder magerem Käse dienen. Wer lieber etwas Süßes zum Tagesanfang mag, für den sind zuckerarme Marmeladen oder fruchtige Aufstriche genau das richtige. Und noch ein Ratschlag: Gehören Sie zu jenen, die morgens nichts „hinunterbekommen", dann ist es besser, das Frühstück 2 bis 3 Stunden später nachzuholen als die ersten Bissen erst zu Mittag zu sich zu nehmen.
Und wie sieht der Ernährungsfahrplan im weiteren aus? Mehrere kleine Mahlzeiten sind günstiger als wenige große. Sie entlasten den Stoffwechsel, verhindern starke Hungergefühle und sind somit wichtig, um überflüssige Pfunde abzubauen. Ein bißchen Obst oder Gemüse und magere Milchprodukte eignen sich hierfür. Wer jedoch gerne neue Anregungen für das Frühstück oder für die Zwischenmahlzeiten aufgreifen will, der findet auf den folgenden Seiten Vorschläge für kleinere Köstlichkeiten, die auch ohne viel Aufwand leicht zuzubereiten sind.

Vollkornbrötchen

Zeit zum Gehen: ca. 1 Std.
Zubereitungszeit: ca. ½ Std.
Backzeit: ca. ½ Std.

Für ca. 20 Brötchen

Für die Brötchen:
- 30 g Hefe
- 400 ml lauwarmes Wasser
- ½ TL Meersalz
- 600 g sehr feines Dinkelvollkornmehl

Zum Bestreuen:
- Kümmel
- Sesamsaat
- Mohn
- provenzalische Kräutermischung

1. Die Hefe im lauwarmen Wasser auflösen. Das mit Meersalz vermischte Dinkelvollkornmehl darunterarbeiten. Den Teig 5 Minuten kneten und mit einem Küchentuch abgedeckt an einem warmen Ort bis zur doppelten Größe aufgehen lassen.
2. Inzwischen den Backofen auf 200°C vorheizen. Ein feuerfestes Gefäß mit heißem Wasser füllen und auf den Boden des Ofens stellen.
3. Den Brötchenteig nochmals gut durchkneten und zu einer Rolle formen. Die Teigrolle in 20 Stücke teilen und diese zu runden oder eckigen Brötchen formen.
4. Die Brötchen auf ein mit Backtrennpapier ausgelegtes Backblech setzen. Nochmals abgedeckt an einem warmen Ort bis zur doppelten Größe aufgehen lassen.
5. Die Brötchen mit warmem Wasser bestreichen und mit Kümmel, Sesam, Mohn und Kräutern bestreuen.
6. Die Brötchen auf der mittleren Schiene im vorgeheizten Backofen etwa ½ Stunde backen. Sie sollten dann goldbraun sein.

1 Brötchen enthält: ca. 100 kcal • 3,8 g E • 18 g KH • 2,8 g Bst. • 0 mg Chol. • 0,7 g F •
(394 mg MUF • 102 mg EUF • 124 mg ges. FS) • P/S=3,2

Variation
Das Rezept kann mit Leinsamen, Sonnenblumenkernen, Nüssen oder mit Rosinen und Korinthen variiert werden.

Tip
Mahlen Sie den Dinkel, sofern Sie eine Mühle besitzen, erst kurz vor dem Backen. Das Mehl ist dann durch den Mahlvorgang etwas warm und fördert die Treibkraft der Hefe.

Vollkornbaguette

Zeit zum Gehen: ca. ¾ Std.
Zubereitungszeit: ca. ½ Std.
Backzeit: ca. ½ Std.

Für 2 Stück

- 400 g feines Weizenvollkornmehl
- 20 g Hefe
- 200 ml lauwarmes Wasser
- ½ TL Meersalz
- 2 TL Diätmargarine

1. Das Mehl, das am besten noch warm vom Mahlvorgang sein sollte, in eine Schüssel geben und in die Mitte eine Mulde drücken. Die Hefe hineinbröckeln und mit dem lauwarmen Wasser übergießen.
2. Den Hefeansatz mit etwas Mehl vom Muldenrand bestreuen. Die Schüssel mit einem Küchentuch abdecken und den Vorteig an einem warmen Ort etwa ¼ Stunde gehen lassen.
3. Dann das Mehl und das Salz unter den Teigansatz arbeiten. Den Teig etwa 5 Minuten kneten und zum Schluß die geschmolzene Margarine darunterkneten.
4. Aus dem Teig zwei 35 Zentimeter lange Stangen formen. Die Baguettes auf ein mit Backtrennpapier ausgelegtes Backblech setzen, abdecken und an einem warmen Ort bis zur doppelten Größe aufgehen lassen.
5. Den Backofen auf 220°C vorheizen. Die Brote einige Male mit einem scharfen Messer schräg einritzen und auf der mittleren Schiene des Backofens etwa ½ Stunde backen.

1 Baguette enthält: ca. 710 kcal • 25 g E • 122 g KH • 187 g Bst. • 0 mg Chol. • 8,9 g F •
(4486 mg MUF • 1373 mg EUF • 1677 mg ges. FS) • P/S=2,7

Tip
Stellen Sie ein feuerfestes, mit heißem Wasser gefülltes Gefäß während des Backens auf den Boden des Backofens – so geht das Gebäck besser auf.

Sesambrot

Zeit zum Gehen: ca. ¾ Std.
Zubereitungszeit: ca. ½ Std.
Backzeit: ca. ½ Std.

Für 1 Brot (ca. 20 Scheiben)

- 300 ml Buttermilch oder Molke
- 20 g Hefe
- 300 g feines Weizenvollkornmehl
- 75 g ungeschälter Sesam
- ½ TL Meersalz
- ¼ TL gemahlener Koriander
- 1 TL Diätmargarine zum Ausfetten
- etwas Weizenvollkornmehl zum Ausstreuen

1. Die Buttermilch oder die Molke ganz leicht erwärmen und die Hefe darin auflösen. Mit etwas Weizenvollkornmehl bestreuen und den Ansatz an einem warmen Ort 15 bis 20 Minuten gehen lassen.
2. Inzwischen den Sesam in einer heißen Pfanne ohne Fettzugabe leicht bräunen. 1 Eßlöffel davon zum Bestreuen des Brotes beiseite stellen.
3. Das restliche Mehl mit dem Meersalz, dem Koriander und dem Sesam unter den Teig kneten.
4. Den Brotteig zu einer Rolle formen und sie in eine gefettete, mit etwas Mehl ausgestreute Kastenform legen. Die Form mit einem Küchentuch abdecken und den Teig an einem warmen Ort bis zur doppelten Größe aufgehen lassen.
5. Den Backofen auf 200°C vorheizen und ein feuerfestes, mit heißem Wasser gefülltes Gefäß auf den Boden des Backofens stellen.
6. Das Brot mit Wasser bestreichen, mit dem beiseite gestellten Sesam bestreuen und auf der mittleren Schiene des Backofens 30 bis 40 Minuten backen. Wenn man auf die Unterseite des Brotes klopft und es hohl klingt, ist das Brot fertig gebacken.
7. Das Brot aus der Form stürzen und auf einem Kuchengitter auskühlen lassen.

1 Scheibe enthält: ca. 78 kcal • 3,2 g E • 10 g KH • 2 g Bst. • 0,5 mg Chol. • 2,4 g F •
(957 mg MUF • 733 mg EUF • 340 mg ges. FS) • P/S=2,8

Knäckebrot mit Frischkost

Keimzeit des Weizens: 2½–3 Tage
Zubereitungszeit: ca. ¼ Std.

Für 2 Personen

4 Scheiben Vollkornknäckebrot
2 TL Diätmargarine
3 EL saure Sahne
etwas Zitronensaft
wenig Meersalz
frisch gemahlener Pfeffer
1 mittelgroße Möhre
100 g Kohlrabi
45 g Weizenkeimlinge (aus ca. 20 g Körnern; siehe auch Seite 126)
3 Mandeln
etwas gehackte Zitronenmelisse

1. Die Knäckebrote mit der Margarine bestreichen.
2. Die saure Sahne mit etwas Zitronensaft verrühren und mit wenig Salz und Pfeffer würzen. Das geputzte Gemüse in die Sauce reiben, alles gut mischen und die Frischkost sofort auf den Knäckebroten verteilen.
3. Die Weizenkeimlinge gründlich waschen, abtropfen lassen und zusammen mit den gehackten Mandeln auf die Brote streuen. Mit Zitronenmelisse garnieren.

ca. 198 kcal • 5 g E •
19 g KH • 6 g Bst. •
13,2 mg Chol. • 10 g F •
(2589 mg MUF • 2903 mg EUF •
3507 mg ges. FS) • P/S=0,7

Vollkornbaguette mit Frischkäse

Zubereitungszeit: ca. 10 Min.

Für 2 Personen

60 g körniger Frischkäse
2 EL gehackte gemischte Kräuter (Schnittlauch, Petersilie, Basilikum, Borretsch und andere)
180 g Vollkornbaguette (Rezept Seite 18)
100 g Salatgurke
Kräuter zum Garnieren

1. Den Frischkäse mit den Kräutern verrühren und das Baguette damit bestreichen.
2. Die Gurke in Scheiben schneiden, die Brote damit belegen und mit Kräutern garnieren.

ca. 397 kcal • 17,2 g E •
63 g KH • 9,8 g Bst. •
4,2 mg Chol. • 5,8 g F •
(2380 mg MUF • 1057 mg EUF •
1611 mg ges. FS) • P/S=1,5

Radieschenquark auf Vollkornbrot

Zubereitungszeit: ca. 10 Min.

Für 2 Personen

40 g Magerquark
2 EL fettarme Milch
wenig Kräutersalz
frisch gemahlener Pfeffer
4 Scheiben Roggenvollkornbrot
1 TL Diätmargarine
100 g Radieschen
1 EL Schnittlauchröllchen

1. Den Quark mit der Milch glattrühren und mit wenig Kräutersalz und Pfeffer abschmecken.
2. Die Brotscheiben zuerst mit der Diätmargarine, dann mit dem Quark bestreichen. Die Radieschen grob raspeln und auf dem Quark verteilen. Die Schnittlauchröllchen darüberstreuen.

ca. 267 kcal • 11 g E • 43,2 g KH • 9,2 g Bst. • 1 mg Chol. • 3,5 g F • (1627 mg MUF • 625 mg EUF • 808 mg ges. FS) • P/S=2

Variation

Anstelle der Radieschen können Sie auch Rettichsprossen verwenden.

Fruchtiges Quarkbrot

Keimzeit der Hirse: ca. 3 Tage
Quellzeit der Feige: ca. ½ Std.
Zubereitungszeit: ca. 10 Min.

Für 2 Personen

1 getrocknete, ungeschwefelte Feige
10 Haselnüsse
60 g Magerquark
4 dünne Scheiben Roggenvollkornbrot
1 TL Diätmargarine
30 g Hirsekeimlinge (aus ca. 20 g Hirsekörnern; siehe auch Seite 126)

1. Die Feige etwa ½ Stunde in etwas Wasser quellen lassen, anschließend fein hakken oder pürieren.
2. Die Haselnüsse grob hakken und zusammen mit dem Quark unter das Feigenmus ziehen.
3. Die Brote zuerst mit der Diätmargarine, dann mit dem Frischkäse bestreichen und die Hirsekeimlinge darüberstreuen.

ca. 198 kcal • 9,5 g E • 28 g KH • 6 g Bst. • 0,2 mg Chol. • 3,8 g F • (1546 mg MUF • 1015 mg EUF • 728 mg ges. FS) • P/S=2,1

Tip

Verwenden Sie zum Keimen nur ungeschälte Hirse. Nur sie ist keimfähig.

Brot mit Aprikosencreme

Keimzeit der Sonnenblumenkerne: ca. 2 Tage
Quellzeit der Aprikosen: ca. ½ Std.
Zubereitungszeit: ca. 10 Min.

Für 2 Personen

2 ungeschwefelte Trockenaprikosen
50 ml Orangensaft
2 EL grobgehackte Haselnüsse
3 Scheiben Vollkornbrot
1 TL Diätmargarine
1 EL Sonnenblumenkeimlinge (aus ca. 10 g Kernen; siehe auch Seite 126)
einige Blättchen Zitronenmelisse

1. Die Aprikosen etwa ½ Stunde im Orangensaft quellen lassen. Dann fein hacken oder pürieren und mit den Nüssen mischen.
2. Die Brotscheiben zuerst mit der Diätmargarine, dann mit dem Mus bestreichen. Die Sonnenblumenkeimlinge waschen, gut abtropfen lassen und darüberstreuen. Mit Zitronenmelisse garnieren.

ca. 234 kcal • 7 g E • 38 g KH • 8,4 g Bst. • 0 mg Chol. • 4,2 g F • (1528 mg MUF • 1480 mg EUF • 667 mg ges. FS) • P/S=2,3

Tip
Der Aufstrich hält sich im Kühlschrank mehrere Tage frisch.

Brötchen mit Camembert

Zubereitungszeit: ca. 5 Min.

Für 2 Personen

3 Fünfkorn-Vollkorn-Brötchen
1 TL Diätmargarine
einige Salatblätter
60 g Camembert 30% Fett i. Tr.
2 Tomaten

1. Die Vollkornbrötchen halbieren und mit der Diätmargarine bestreichen.
2. Die Salatblätter auf die Brötchenhälften legen. Den in sehr dünne Scheiben geschnittenen Camembert darauf verteilen.
3. Die Tomaten in Scheiben schneiden und die Brötchen damit garnieren.

ca. 252 kcal • 13 g E • 33 g KH • 5,3 g Bst. • 5 mg Chol. • 6 g F • (1875 mg MUF • 1184 mg EUF • 1901 mg ges. FS) • P/S=1

Tip
Ist der Camembert schon sehr weich, verrühren Sie ihn einfach mit der Margarine und streichen die Käsecreme auf die Brötchen.

Kiwi-Orangen-Müsli

Zubereitungszeit: ca. ¼ Std.

Für 2 Personen

- 70 g grobe Haferflocken
- 125 g Joghurt 1,5% Fett
- 120 g Kiwi
- 1 kleine Orange
- 1 EL Kürbiskerne

1. Die Haferflocken unter den Joghurt rühren und etwa 10 Minuten quellen lassen.
2. Inzwischen die Früchte schälen, in Scheiben schneiden und das Müsli mit den Früchten und den Kürbiskernen garnieren.

ca. 257 kcal • 9,5 g E •
36,4 g KH • 4,5 g Bst. •
3,3 mg Chol. • 6,2 g F •
(2742 mg MUF • 1450 mg EUF •
1384 mg ges. FS) • P/S=2

Frischkornmüsli mit Trockenobst

Quellzeit: ca. 8 Std.
Zubereitungszeit: ca. ¼ Std.

Für 2 Personen

- 60 g grobgeschroteter Weizen
- 1 ungeschwefelte getrocknete Frucht (Apfel oder Birne)
- 125 g Joghurt 1,5% Fett
- etwas Zitronensaft
- 150 g Apfel
- 5 Walnußkerne oder 10 Haselnüsse

1. Das Getreide in 60 Milliliter Wasser und das kleingeschnittene Trockenobst in 40 Milliliter Wasser über Nacht quellen lassen.
2. Das Getreide unter den Joghurt mischen und alles mit etwas Zitronensaft abschmecken.
3. Den Apfel grob raspeln und sofort unter das Müsli mischen. Mit den Trockenfrüchten und den Nüssen garnieren.

ca. 224 kcal • 7 g E •
35 g KH • 6,2 g Bst. •
3,3 mg Chol. • 4,6 g F •
(2369 mg MUF • 788 mg EUF •
1004 mg ges. FS) • P/S=2,4

Hirse-Melonen-Müsli

Zubereitungszeit: ca. ½ Std.

Für 2 Personen

- 60 g Hirse
- 1 EL Rosinen
- 125 g Dickmilch 1,5% Fett
- 1 EL ungesüßter Sanddornsaft
- etwas abgeriebene Schale einer unbehandelten Zitrone
- 240 g Wassermelone ohne Schale
- etwas frisch geriebener Ingwer
- 3 gehackte Walnußkerne

1. Die Hirse zuerst mit kaltem, dann mit warmem Wasser waschen. Mit etwa 120 Milliliter Wasser zum Kochen bringen und bei geringer Hitzezufuhr etwa 10 Minuten zugedeckt köcheln lassen.
2. Die gewaschenen Rosinen dazugeben. Dann auf der ausgeschalteten Herdplatte weitere 10 Minuten quellen lassen.
3. Inzwischen die Dickmilch mit dem Sanddornsaft und etwas Zitronenschale verrühren. Das Melonenfruchtfleisch in kleine Würfel schneiden und unter die Dickmilch heben.
4. Die Hirse mit einer Gabel auflockern. Den Ingwer und die Walnüsse darunter mischen und die Hirse zur Dickmilch essen.

ca. 232 kcal • 7 g E • 36,4 g KH • 4,5 g Bst. • 3,7 mg Chol. • 5 g F • (2465 mg MUF • 982 mg EUF • 1190 mg ges. FS) • P/S=2

Variation
Statt gedünsteter Hirse, Hirsekeimlinge verwenden.

Haferflocken mit Mango und Nüssen

Zubereitungszeit: ca. 10 Min.

Für 2 Personen

- 70 g Haferflocken
- ⅛ l fettarme Milch
- 180 g Mangofruchtfleisch
- 10 Haselnüsse

1. Die Haferflocken in einer Pfanne ohne Fettzugabe hellbraun anrösten und mit der Milch mischen.
2. Die Mango in kleine Würfel schneiden und dazugeben. Dann die gehackten Haselnüsse über das Müsli streuen.

ca. 220 kcal • 8 g E • 34,3 g KH • 3,6 g Bst. • 3,3 mg Chol. • 4,3 g F • (1608 mg MUF • 848 mg EUF • 1049 mg ges. FS) • P/S=1,5

Tip
Das Müsli sollten Sie nicht lange stehen lassen, da es sonst bitter schmeckt.

Weizenkeimlinge mit Erdbeeren und Banane

Keimzeit des Weizens: 2–3 Tage
Zubereitungszeit: ca. 10 Min.

Für 2 Personen

- 200 g Erdbeeren
- 1 Banane
- 125 g Buttermilch
- 120 g Weizenkeimlinge (aus ca. 50 g Körnern; siehe auch Seite 126)

1. Die gewaschenen Erdbeeren halbieren, sehr große vierteln.
2. Die Banane schälen, in Scheiben schneiden und zusammen mit den Erdbeeren unter die Buttermilch ziehen.
3. Die Weizenkeimlinge gut waschen, abtropfen lassen und über das Müsli streuen.

ca. 134 kcal • 5,3 g E • 23,4 g KH • 5 g Bst. • 2 mg Chol. • 1 g F • (357 mg MUF • 234 mg EUF • 317 mg ges. FS) • P/S=1,1

Dinkelkeimlinge mit Ananas

Keimzeit des Dinkels: 2–3 Tage
Zubereitungszeit: ca. 10 Min.

Für 2 Personen

- 180 g Ananasfruchtfleisch
- 60 g körniger Frischkäse
- 90 g Dinkelkeimlinge (aus ca. 40 g Körnern; siehe auch Seite 126)
- 6 Mandeln

1. Die Ananas in kleine Würfel schneiden und mit dem Frischkäse mischen.
2. Die Dinkelkeimlinge waschen, abtropfen lassen und zusammen mit den Mandeln über den Frischkäse streuen. Das Müsli rasch verzehren.

ca. 156 kcal • 7,8 g E • 13,6 g KH • 2,7 g Bst. • 4,2 mg Chol. • 7 g F • (1174 mg MUF • 4099 mg EUF • 1241 mg ges. FS) • P/S=0,9

Variation
Anstelle der Dinkelkeimlinge kann man auch frisch gequetschte Weizenflocken verwenden.

Melone mit Blauschimmelkäse

Zubereitungszeit: ca. 10 Min.

Für 2 Personen

1 kleine Ogenmelone
(ca. 300 g)
20 g Blauschimmelkäse
30% Fett i. Tr.
einige eingelegte Pfeffer-körner
4 schwarze Oliven
1 Pfefferminzzweig
3 Walnußkerne

1. Die Melone halbieren und die Kerne mit einem Löffel herausschaben.
2. Das Fruchtfleisch mit einem Kugelausstecher herauslösen und auf zwei Teller verteilen.
3. Den Blauschimmelkäse über die Melonenkugeln raspeln und alles mit den Pfefferkörnern, den Oliven, der Minze und den Walnüssen garnieren.

ca. 117 kcal • 4 g E •
10,4 g KH • 1,6 g Bst. •
10,2 mg Chol. • 5,8 g F •
(1934 mg MUF • 2036 mg EUF •
1288 mg ges. FS) • P/S=1

Tip
Die Ogenmelone ist eine Neuzüchtung aus Israel und zählt zur Gruppe der Honigmelonen.

Grapefruit mit Dattelmus

Zubereitungszeit: ca. 10 Min.

Für 2 Personen

3 getrocknete Datteln
2 EL gehackte Walnüsse
1 Msp. Delifruit
2 rosa Grapefruits
einige Himbeeren

1. Die Datteln mit 1 Eßlöffel Wasser in eine Schale geben und pürieren oder mit dem Messer fein hacken.
Die Walnüsse unter das Mus mischen und alles mit Delifruit würzen.
2. Die Grapefruits schälen, halbieren, quer in Scheiben schneiden und auf zwei Teller anrichten. Das Dattelmus und einige Himbeeren darauf geben.

ca. 96 kcal • 1,4 g E •
14,4 g KH • 2 g Bst. •
0 mg Chol. • 3 g F •
(1915 mg MUF • 467 mg EUF •
323 mg ges. FS) • P/S=5,9

Beeren mit Frischkäse und Buchweizenflocken

Zubereitungszeit: ca. 10 Min.

Für 2 Personen

40 g Buchweizenflocken
80 g körniger Frischkäse
1 ungeschwefelte getrocknete Frucht (Aprikose,
Feige, Dattel oder eine
andere)
60 g schwarze Johannisbeeren
100 g Himbeeren
etwas Zitronenmelisse

1. Die Buchweizenflocken in einer Pfanne ohne Fettzugabe leicht bräunen.
2. Inzwischen den Frischkäse mit der gehackten Trockenfrucht mischen und auf zwei Teller anrichten.
3. Den Frischkäse mit den Beeren und der Zitronenmelisse garnieren, die etwas abgekühlte Buchweizenflocken darüberstreuen.

ca. 178 kcal • 8,7 g E •
27 g KH • 7 g Bst. •
5,6 mg Chol. • 2,2 g F •
(309 mg MUF • 635 mg EUF •
1044 mg ges. FS) • P/S=0,3

Erdbeerjoghurt mit Weizenflocken

Zubereitungszeit: ca. 10 Min.

Für 2 Personen

250 g Joghurt 1,5% Fett
etwas abgeriebene Schale
einer unbehandelten
Zitrone
1 Msp. gemahlene Vanille
200 g Erdbeeren
40 g Weizenflocken
3 gehackte Walnußkerne

1. Den Joghurt mit etwas Zitronenschale und der Vanille verrühren.
2. Die gewaschenen und geviertelten Erdbeeren darauf verteilen und mit den Weizenflocken und den Walnüssen bestreuen.

ca. 192 kcal • 8,5 g E •
24,4 g KH • 4,7 g Bst. •
6,5 mg Chol. • 5,3 g F •
(2304 mg MUF • 1054 mg EUF •
1396 mg ges. FS) • P/S=1,7

Gefüllte Tomate

Zubereitungszeit: ca. 20 Min.

Für 2 Personen

- 2 Fleischtomaten
- 30 g Magerquark
- 2 EL saure Sahne
- 1 TL Distelöl
- 1 TL Senf
- 1 TL Zitronensaft
- wenig Meersalz
- frisch gemahlener Pfeffer
- 2 kalte gekochte Kartoffeln
- 2 Schalotten
- 50 g Champignons
- 50 g Salatgurke
- ¼ Bund Dill

1. Von den gewaschenen Tomaten einen Deckel abschneiden. Das Fruchtfleisch mit einem Löffel herausnehmen und anderweitig verwenden, zum Beispiel für eine Sauce.
2. Den Quark, die saure Sahne, das Öl und den Senf mit dem Zitronensaft verrühren. Mit wenig Salz und Pfeffer abschmecken.
3. Die Kartoffeln und die Schalotten schälen und beides ganz fein würfeln. Die Champignons putzen und mit einem in Zitronensaft getränkten Tuch abreiben. Die Gurke schälen, halbieren und in feine Scheiben schneiden.
4. Das Gemüse unter die Quarksauce ziehen, alles nochmals abschmecken, in die Tomaten füllen und mit Dillzweigen garnieren.

ca. 162 kcal • 6,4 g E •
20 g KH • 4,8 g Bst. •
5,8 mg Chol. • 4,6 g F •
(1946 mg MUF • 1160 mg EUF •
1348 mg ges. FS) • P/S=1,4

Avocado mit Kürbis-Apfel-Salat

Keimzeit der Kürbiskerne: 2–3 Tage
Zubereitungszeit: ca. 20 Min.

Für 2 Personen

- 2 EL Joghurt 1,5% Fett
- etwas Zitronensaft
- 50 g Apfel
- 50 g Kürbis
- frisch geriebener Ingwer
- 1 EL Sojasauce
- frisch gemahlener Pfeffer
- wenig Meersalz
- 1 Avocado
- 2 große Blätter Radicchiosalat
- 1 EL Kürbiskernkeimlinge (aus ca. ½ EL Kernen; siehe auch Seite 126)

1. Den Joghurt mit etwas Zitronensaft verrühren.
2. Das Apfelfruchtfleisch in feine Streifen schneiden und sofort unter den Joghurt mischen. Das Kürbisfleisch in den Apfelsalat raspeln.
3. Den Salat mit Ingwer, Sojasauce, Pfeffer und wenig Meersalz abschmecken.
4. Die Avocado schälen, halbieren und den Kern entfernen. Das Fruchtfleisch mit etwas Zitronensaft beträufeln. Den Radicchio putzen und auf zwei Teller legen.
5. Den Salat nochmals abschmecken und auf die Radicchioblätter geben. Die Avocadohälften in Scheiben schneiden und den Salat damit garnieren.
6. Die Kürbiskernkeimlinge waschen, abtropfen lassen und über den Salat streuen.

ca. 222 kcal • 4,8 g E •
7,8 g KH • 3 g Bst. •
0,8 mg Chol. • 18 g F •
(2786 mg MUF • 11212 mg EUF •
2870 mg ges. FS) • P/S=1

Tip
Dazu paßt Sesambrot (Rezept Seite 18).

Gefüllter Fenchel mit Gemüsevinaigrette

Zubereitungszeit: ca. 25 Min.

Für 2 Personen

Für den Fenchel:

1 Fenchelknolle

Für die Gemüsevinaigrette:

wenig Meersalz
1–2 TL Sherryessig
1 EL Distelöl
frisch gemahlener Pfeffer
je ½ TL feingewürfelten roten Paprika, Zwiebel, Pastinaken und Lauch

Außerdem:

50 g Magerquark
30 g fettreduzierter Kräuterfrischkäse
wenig Kräutersalz
einige Radicchioblätter
1 TL frisch gehackte Petersilie

1. Von der Fenchelknolle sechs Blätter lösen und diese in kochendem, wenig gesalzenem Wasser bißfest blanchieren. Sofort in Eiswasser abkühlen lassen und trockentupfen. Etwas Fenchelgrün fein hacken.

2. Für die Vinaigrette wenig Meersalz im Sherryessig auflösen. Das Öl dazurühren und alles mit Pfeffer würzen.

3. Anschließend die Gemüsewürfel unter die Salatsauce ziehen.

4. Den Quark mit dem Frischkäse und dem Fenchelgrün verrühren. Die Fenchelblätter mit wenig Kräutersalz würzen und die Frischkäsecreme darauf spritzen.

5. Die gefüllten Fenchelblätter auf den vorbereiteten Radicchioblättern anrichten. Die Gemüsevinaigrette über das Gemüse ziehen und alles mit der Petersilie bestreuen.

ca. 107 kcal • 7,6 g E • 5,2 g KH • 3,2 g Bst. • 0,8 mg Chol. • 5,6 g F • (3493 mg MUF • 600 mg EUF • 593 mg ges. FS) • P/S=5,9

Tip

Dazu passen sehr gut Vollkornsesambrötchen. Pastinaken ist eine gelb- bis weißfleischige Wurzelrübe. Sie ist etwas größer als eine Möhre.

Auberginencreme mit Basilikum und Tomaten

Zubereitungszeit: ca. ½ Std.

Für 2 Personen

- ½ mittelgroße Aubergine
- etwas Zitronensaft
- wenig Kräutersalz
- 1 Knoblauchzehe
- wenig Meersalz
- ¼ Bund Basilikum
- 1 Tomate
- 1 EL kaltgepreßtes Sonnenblumenöl
- frisch gemahlener Pfeffer

1. Die Aubergine in Scheiben schneiden, mit etwas Zitronensaft beträufeln, mit wenig Kräutersalz würzen und 10 Minuten ziehen lassen.
2. Dann die Auberginenscheiben in einer heißen Pfanne oder im Backofen bei 240°C 10 bis 15 Minuten backen, bis sie weich sind, anschließend gut abkühlen lassen.
3. Inzwischen die Knoblauchzehe schälen und mit einer Prise Salz zerdrücken. Die Basilikumblätter fein hacken. Die Tomate in kleine Würfel schneiden.
4. Das Auberginenfleisch mit etwas Zitronensaft pürieren, dabei tropfenweise das Sonnenblumenöl hineingeben.
5. Nun die Tomatenwürfel, den Knoblauch und das Basilikum unter die Creme heben und sie kräftig mit Kräutersalz und Pfeffer würzen.

ca. 63 kcal • 1 g E • 2,8 g KH • 1,2 g Bst. • 0 mg Chol. • 5 g F • (2813 mg MUF • 1012 mg EUF • 553 mg ges. FS) • P/S=5

Tip
Die Creme auf Sesamfladenbrot streichen.

Griechischer Gurkenjoghurt

Zubereitungszeit: ca. 10 Min.

Für 2 Personen

- 1 Knoblauchzehe
- wenig Meersalz
- 50 g Magerquark
- 100 g Joghurt 1,5% Fett
- frisch gemahlener Pfeffer
- 1 EL Sonnenblumenöl
- etwas Obstessig
- ½ Salatgurke
- ¼ Bund gehackter Dill

1. Die Knoblauchzehe schälen und mit wenig Salz zerdrücken. Mit dem Quark und dem Joghurt verrühren.
2. Die Joghurtspeise mit wenig Salz, Pfeffer, Öl und Essig pikant abschmecken.
3. Von der geschälten Gurke einige Scheiben zum Garnieren beiseite legen. Die restliche Gurke auf der groben Gemüsereibe sofort in die Joghurtspeise raspeln.
4. Den Dill darunterheben und den Joghurt mit den Gurkenscheiben garnieren.

ca. 97 kcal • 5,2 g E • 4,2 g KH • 0,3 g Bst. • 2,8 mg Chol. • 6 g F • (2798 mg MUF • 1215 mg EUF • 988 mg ges. FS) • P/S=2,8

Tip
Dazu paßt Fladenbrot.

Würziger Hirseaufstrich

Zubereitungszeit: ca. ½ Std.

Für 4 Personen

- 80 g Hirse
- 160 ml Gemüsebrühe (Rezept Seite 52)
- 1 kleine Zwiebel
- 100 g frische Champignons
- etwas Zitronensaft
- 1 TL Öl
- 40 g Diätmargarine
- einige eingelegte grüne Pfefferkörner
- frisch gehackter Majoran
- frisch gehackter Thymian
- wenig Kräutersalz
- Hefeflocken nach Geschmack

1. Die Hirse zuerst mit warmem, dann mit kaltem Wasser waschen. Danach die Hirse mit der Gemüsebrühe zum Kochen bringen und zugedeckt bei geringer Hitzezufuhr etwa 10 Minuten köcheln lassen.
2. Dann auf dem ausgeschalteten Herd weitere 10 Minuten ausquellen lassen.
3. Inzwischen die Zwiebel schälen und fein würfeln. Die Champignons putzen, in Scheiben schneiden und mit Zitronensaft beträufeln.
4. Die Zwiebelwürfel im mäßig heißen Öl dünsten. Dann die Champignons etwa 5 Minuten mitdünsten und anschließend abkühlen lassen.
5. Inzwischen die Margarine cremig rühren, die Pfefferkörner dazugeben und alles kräftig mit Kräutern und Gewürzen, aber mit nur wenig Salz und eventuell Hefeflocken abschmecken.
6. Die Zwiebel-Champignon-Mischung pürieren und unter die Margarine rühren. Die gequollene Hirse mit einer Gabel auflokkern und ebenfalls dazugeben. Den Aufstrich nochmals pikant abschmecken.

ca. 180 kcal • 3 g E • 14,3 g KH • 2,2 g Bst. • 0 mg Chol. • 11,6 g F • (5538 mg MUF • 2110 mg EUF • 2173 mg ges. FS) • P/S=2,5

Tip
Ist der Aufstrich zu fest, so kann man noch 1 bis 2 Eßlöffel saure Sahne darunter-mischen.

Eingelegter Schafskäse

Zubereitungszeit: ca. 1/4 Std.
Zeit zum Durchziehen:
ca. 8 Std.

Für 2 Personen

- 1 EL Weinessig
- 3 EL Gemüsebrühe (Rezept Seite 52)
- 4 EL kaltgepreßtes Sonnenblumenöl
- 1 Knoblauchzehe
- 1 kleine rote Zwiebel
- 100 g rote Paprikaschote
- 100 g frischer Schafskäse
- 2 schwarze Oliven
- 1 Zweig Thymian
- 1 Zweig Basilikum
- etwas Rosmarin
- einige eingelegte grüne Pfefferkörner

1. Den Essig mit der Gemüsebrühe in eine Schüssel geben und das Öl darunterschlagen.
2. Die Knoblauchzehe und die Zwiebel schälen. Den Knoblauch zerdrücken und mit der Marinade mischen.
3. Die Zwiebel in Ringe schneiden, die Paprikaschote und den Schafskäse grob würfeln.
4. Das Gemüse, den Käse, die Oliven und die Kräuter schichtweise in ein schmales Glas füllen. Die Pfefferkörner darüberstreuen.
5. Die Marinade darübergießen, das Glas verschließen und den Käse über Nacht durchziehen lassen.

ca. 212 kcal • 9,6 g E •
5 g KH • 0,5 g Bst. •
7,5 mg Chol. • 16 g F •
(3391 mg MUF • 4019 mg EUF •
7106 mg ges. FS) • P/S=0,5

Tip
Dazu paßt kräftiges Roggenvollkornbrot. Nehmen Sie den Käse vor dem Servieren aus der Marinade, und lassen Sie ihn gut abtropfen.

Forellencreme auf Vollkornbaguette

Zubereitungszeit: ca. ½ Std.

Für 2 Personen

50 g Magerquark
1 TL Zitronensaft
1 TL feingeriebener Meerrettich
150 g geräuchertes Forellenfilet
frisch gemahlener Pfeffer
wenig Kräutersalz
1 Vollkornbaguette (Rezept Seite 18)
1 kleine rote Zwiebel
6 Kirschtomaten
2 Dillzweige

1. Den Magerquark mit dem Zitronensaft und dem Meerrettich verrühren.
2. Das Forellenfilet im Mixer oder mit einem Küchenmesser sehr fein hacken und unter den Quark mischen. Mit Pfeffer und wenig Kräutersalz abschmecken.
3. Das Vollkornbaguette in 12 Scheiben schneiden und mit der Forellencreme bestreichen.
4. Die Zwiebel schälen und in feine Ringe schneiden. Die Kirschtomaten waschen und halbieren.
5. Die Brötchen mit den Zwiebelringen, den Tomatenhälften und kleinen Dillzweigen garnieren.

ca. 530 kcal • 40 g E • 64,3 g KH • 10,5 g Bst. • 67,2 mg Chol. • 8 g F • (3382 mg MUF • 1711 mg EUF • 1740 mg ges. FS) • P/S=1,9

Tomaten-Vollkorn-Taschen

Zubereitungszeit: ca. 25 Min.
Backzeit: ca. 20 Min.

Für 8 Stück

1 Grundrezept Vollkornquarkblätterteig (Rezept Seite 123)
8 kleine Tomaten
wenig Kräutersalz
½ Bund Basilikum
1 EL fettarme Milch

1. Den Backofen auf 220° C vorheizen. Den Blätterteig zwischen zwei Stück Alufolie etwa 40 mal 20 Zentimeter groß und etwa 3 Millimeter dick ausrollen. Die Teigplatte in 8 Quadrate teilen.
2. Die Tomaten vom Stielansatz befreien, mit wenig Kräutersalz würzen und auf die Teigstücke setzen.
3. Das Basilikum waschen und trockentupfen. Jede Tomate mit 2 bis 4 Basilikumblättern spicken.
4. Die Teigecken über die Tomaten schlagen und die Taschen auf ein Blech mit Backtrennpapier setzen. Mit etwas Milch bestreichen.
5. Die Tomatentaschen bei 220° C im Backofen etwa 10 Minuten backen, dann bei 180° C in 10 Minuten fertigbacken.

ca. 213 kcal • 5,2 g E • 15,6 g KH • 3 g Bst. • 0,2 mg Chol. • 13 g F • (6145 mg MUF • 2270 mg EUF • 2785 mg ges. FS) • P/S=2,2

Käse-Lauch-Taschen

Zubereitungszeit: ca. 25 Min.
Backzeit: ca. 25 Min.

Für 8 Stück

- 2 große Lauchstangen
- 4 EL Gemüsebrühe (Rezept Seite 52)
- wenig Kräutersalz
- frisch gemahlener Pfeffer
- 100 g Magerquark
- 1 EL geriebener Gouda 45% Fett i. Tr.
- 1 Eiweiß
- 1 Grundrezept Vollkorn-Quarkblätterteig (Rezept Seite 123)
- 1 EL fettarme Milch

1. Die Lauchstangen putzen, halbieren und unter fließendem Wasser abwaschen. Vierteln und in der Gemüsebrühe bißfest dünsten. Mit Salz und Pfeffer würzen und abkühlen lassen.
2. Inzwischen den Magerquark mit dem Käse und dem Eiweiß verrühren. Den Backofen auf 220° C vorheizen. Den Blätterteig zwischen zwei Stück Alufolie etwa 40 mal 20 Zentimeter groß und etwa 3 Millimeter dick ausrollen und in 8 Quadrate teilen.
3. Die Lauchstücke abtropfen lassen und auf die Teigstücke verteilen. Die Käsemischung darauf geben und die Teigstücke zusammenklappen. Die Teigränder mit einer Gabel zusammendrücken.
4. Die Taschen mit Milch bestreichen und im Backofen etwa 25 Minuten backen.

ca. 230 kcal • 7,7 g E • 15,5 g KH • 3 g Bst. • 1,5 mg Chol. • 13,6 g F • (6186 mg MUF • 2417 mg EUF • 3093 mg ges. FS) • P/S=2

Orangentrunk

Zubereitungszeit: ca. 5 Min.

Für 2 Personen

250 g Buttermilch
100 ml frisch gepreßter Orangensaft
3 gehackte Walnußkerne

Die Buttermilch und den Orangensaft in einen Mixer geben und kurz mixen. Den Drink mit den Walnüssen bestreuen und sofort servieren.

ca. 120 kcal • 6,3 g E • 14,5 g KH • 2 g Bst. • 3,7 mg Chol. • 3,4 g F • (1864 mg MUF • 664 mg EUF • 695 mg ges. FS) • P/S=2,7

Mandelmilch

Zubereitungszeit: ca. 5 Min.

Für 2 Personen

1 EL Rosinen
¼ l fettarme Milch
25 g Mandelmus
etwas gemahlene Vanille

Die Rosinen mit etwas Milch pürieren. Das Mandelmus, die Vanille und die restliche Milch dazugeben, mixen und in zwei Gläser füllen.

ca. 168 kcal • 6,8 g E • 13,6 g KH • 1,8 g Bst. • 6,5 mg Chol. • 8,8 g F • (1369 mg MUF • 5197 mg EUF • 1797 mg ges. FS) • P/S=0,8

Erdbeer-Kefir-Mix

Zubereitungszeit: ca. 10 Min.

Für 2 Personen

125 g Erdbeeren
300 ml Kefir 1,5% Fett
2 EL Honig
1 Msp. gemahlene Vanille
1 Msp. abgeriebene Schale einer unbehandelten Zitrone
2 Zweige Zitronenmelisse
1 gehackte Paranuß

1. Die Erdbeeren waschen, putzen und pürieren.
2. Den Kefir, den Honig und die Vanille dazugeben und aufmixen. In zwei hohe Cocktailgläser füllen und mit etwas Zitronenschale und den Zitronenmelissezweigen garnieren. Die Paranuß darüberstreuen.

ca. 164 kcal • 6,3 g E • 18 g KH • 1,8 g Bst. • 9 mg Chol. • 6 g F • (2114 mg MUF • 1561 mg EUF • 2016 mg ges. FS) • P/S=1

SALATE

Ein frischer Salat sollte täglich auf Ihrem Speisezettel stehen, denn er liefert viele wichtige Vitamine und Ballaststoffe. Geeignet sind alle Gemüse- und Salatsorten, die Sie immer wieder neu miteinander kombinieren und mit verschiedenen Dressings zubereiten können. Nehmen Sie dazu wertvolle kaltgepreßte Öle, und probieren Sie das reiche Angebot an aromatischen Essigsorten aus. Auch ein leichtes Joghurtdressing ist zu empfehlen. Mayonnaise dagegen enthält zuviel Eigelb und daher viel Cholesterin. Die Vorschläge auf den folgenden Seiten können als erfrischende Vorspeise bei einem Menü gereicht werden, eventuell zusammen mit einem belegten Brot eine kleine Mahlzeit ersetzen, aber auch Begleiter eines Hauptgangs sein.

Chinakohl in Orangensauce

Zubereitungszeit: ca. 1/4 Std.

Für 2 Personen

- wenig Meersalz
- 1 EL Zitronensaft
- 4 EL saure Sahne
- 1 EL frisch gehackter Estragon
- 1 EL frisch gehackte Zitronenmelisse
- etwas frisch geriebener Meerrettich
- frisch gemahlener Pfeffer
- 1 EL Pinienkerne
- 1 große Orange
- 1 kleiner Kopf Radicchiosalat
- 200 g Chinakohl
- einige Estragonzweige

1. Ein wenig Meersalz unter ständigem Rühren im Zitronensaft auflösen. Die saure Sahne, die Kräuter und den Meerrettich darunterrühren und die Sauce mit dem Pfeffer abschmecken.
2. Die Pinienkerne ohne Fettzugabe in einer heißen Pfanne leicht bräunen.
3. Die Orange schälen und filetieren, den dabei austretenden Saft unter die Sauce mischen.
4. Den Radicchio in einzelne Blätter zerteilen, diese waschen, trockenschleudern und auf zwei Tellern dekorativ anrichten.
5. Den Chinakohl in sehr feine Streifen schneiden, mit den Orangenfilets mischen und auf den Radicchioblättern anrichten.
6. Die Sauce über den Salat geben, mit den gerösteten Pinienkernen bestreuen und mit Estragonzweigen garnieren.

ca. 103 kcal • 3,8 g E • 6,8 g KH • 2,4 g Bst. • 11 mg Chol. • 5,8 g F • (1316 mg MUF • 1838 mg EUF • 2193 mg ges. FS) • P/S=0,6

Feldsalat mit Roggenkeimlingen

Keimzeit des Roggens: 2–3 Tage
Zubereitungszeit: ca. 1/4 Std.

Für 2 Personen

- wenig Meersalz
- 1 EL Rotweinessig
- 1 EL Walnußöl
- frisch gemahlener Pfeffer
- 2 Schalotten
- 1 kleine Knoblauchzehe
- 100 g Feldsalat
- 2 Tomaten
- 90 g Roggenkeimlinge (aus ca. 40 g Körnern; siehe auch Seite 126)
- 1 EL Schnittlauchröllchen
- 1 EL saure Sahne

1. Ein wenig Meersalz unter ständigem Rühren im Rotweinessig auflösen. Das Öl darunterschlagen und die Sauce mit Pfeffer würzen.
2. Die Schalotten und die Knoblauchzehe schälen, sehr fein hacken und unter die Sauce mischen.
3. Den Feldsalat putzen, waschen und trockenschleudern. Die Tomaten vom Stielansatz befreien und fein würfeln.
4. Den Feldsalat mit den Tomatenwürfeln unter die Sauce mischen und auf zwei Teller anrichten.
5. Die gewaschenen Roggenkeimlinge mit den Schnittlauchröllchen auf den Salat streuen und mit der sauren Sahne verzieren.

ca. 114 kcal • 3,2 g E • 9,5 g KH • 3 g Bst. • 2,8 mg Chol. • 6,2 g F • (3272 mg MUF • 1014 mg EUF • 1043 mg ges. FS) • P/S=3,1

Möhren-Weißkohl-Frischkost

Keimzeit der Sonnenblumenkerne: ca. 2 Tage
Zubereitungszeit: ca. ½ Std.

Für 2 Personen

125 g Joghurt 1,5% Fett
etwas Zitronensaft
1 EL kaltgepreßtes Sonnenblumenöl
frisch gemahlener Pfeffer
150 g Weißkohl
wenig Meersalz
½ Kopf Eichblattsalat
150 g Möhren
½ Apfel
50 g Sonnenblumenkeimlinge (aus ca. 25 g Kernen; siehe auch Seite 126)
etwas Kerbel

1. Den Joghurt mit etwas Zitronensaft verrühren. Das Öl darunterschlagen und die Sauce mit Pfeffer würzen.
2. Den Weißkohl sehr fein hobeln, mit wenig Meersalz verkneten und etwa ¼ Stunde ziehen lassen.
3. In der Zwischenzeit den Eichblattsalat verlesen, waschen, trockenschleudern und die Blätter auf zwei Teller anrichten.
4. Die Möhren und den Apfel grob raspeln und zusammen mit dem Weißkohl unter die Sauce mischen. Nochmals abschmecken und auf dem vorbereiteten Eichblattsalat anrichten.
5. Die gewaschenen, abgetropften Sonnenblumenkeimlinge auf dem Salat verteilen und mit etwas Kerbel garnieren.

ca. 136 kcal • 4,8 g E •
12 g KH • 4,8 g Bst. •
3,3 mg Chol. • 6,7 g F •
(3221 mg MUF • 1347 mg EUF •
1259 mg ges. FS) • P/S=2,6

Gurkensalat mit Radieschenkeimlingen

Keimzeit des Radieschensamens: 3–4 Tage
Zubereitungszeit: ca. ¼ Std.

Für 2 Personen

300 g Salatgurke
wenig Kräutersalz
etwas Zitronensaft
125 g Joghurt 1,5% Fett
1 EL kaltgepreßtes Sonnenblumenöl
1 Msp. Cayennepfeffer
40 g Edamer 30% Fett i. Tr.
1 Pekanuß
30 g Radieschenkeimlinge (aus ca. 10 g Samen; siehe auch Seite 126)

1. Die Salatgurke schälen, in Scheiben schneiden und auf zwei Teller verteilen.
2. Für die Sauce ein wenig Kräutersalz in Zitronensaft auflösen. Den Joghurt und das Öl darunterschlagen und mit wenig Cayennepfeffer würzen. Die Sauce über die Gurkenscheiben gießen.
3. Den Edamer in feine Streifen schneiden. Die Nuß grob hacken und beides über den Salat geben.
4. Die Radieschenkeimlinge waschen, abtropfen lassen und den Gurkensalat damit garnieren.

ca. 144 kcal • 6 g E •
5,7 g KH • 1 g Bst. •
7 mg Chol. • 9,7 g F •
(3454 mg MUF • 2743 mg EUF •
2302 mg ges. FS) • P/S=1,5

Tip
Wenn Sie zum Gurkensalat Vollkornbrot essen, dann wird daraus eine vollständige Mahlzeit.

Spinat-Brennessel-Frischkost

Keimzeit des Senfs:
2–3 Tage
Zubereitungszeit: ca. 10 Min.

Für 2 Personen

1 kleine rote Zwiebel
1 kleine Knoblauchzehe
1 TL Olivenöl
1 EL Kräuteressig
wenig Kräutersalz
frisch gemahlener Pfeffer
1 EL kaltgepreßtes Sonnenblumenöl
150 g junger Spinat
50 g Brennesselspitzen
10 g Senfgrün (aus ca. 5 g Samen; siehe auch Seite 126)

1. Die Zwiebel und die Knoblauchzehe schälen und fein würfeln. Beides im mäßig heißen Olivenöl glasig dünsten.
2. Mit dem Essig ablöschen, mit wenig Kräutersalz und Pfeffer würzen.
3. Das Öl unter die Zwiebelmischung rühren und den geputzten Spinat und die Brennesselspitzen darunterheben.
4. Den Salat auf zwei Teller verteilen und mit dem Senfgrün garnieren.

ca. 140 kcal • 4 g E •
3,3 g KH • 3,3 g Bst. •
0 mg Chol. • 12 g F •
(5883 mg MUF • 2987 mg EUF •
1331 mg ges. FS) • P/S=4,4

Topinambur-Rotkohl-Frischkost

Zubereitungszeit: ca. 20 Min.

Für 2 Personen

125 g Joghurt 1,5% Fett
1 TL kaltgepreßtes Sonnenblumenöl
etwas Zitronensaft
frisch gemahlener Pfeffer
frisch geriebener Ingwer
100 g Rotkohl
wenig Meersalz
100 g Kürbisfruchtfleisch
½ Apfel
100 g Topinambur (siehe Tip Seite 49), 50 g Feldsalat
10 Haselnüsse, Dillzweige

1. Den Joghurt mit Öl und etwas Zitronensaft verrühren und mit Pfeffer und Ingwer pikant abschmecken.
2. Den Rotkohl sehr fein hobeln und mit wenig Meersalz verkneten.
3. Den Kürbis und den Apfel in Würfel schneiden, die Topinambur grob raspeln und alles sofort unter die Sauce heben.
4. Den Feldsalat putzen, waschen, trockenschleudern, auf zwei Teller anrichten.
5. Den Rotkohl locker unter den Salat mischen. Das Ganze nochmals abschmecken. Auf dem Feldsalat anrichten und mit den Nüssen und den Dillspitzen garnieren.

ca. 115 kcal • 5,8 g E •
11 g KH • 8,6 g Bst. •
3,3 mg Chol. • 4,5 g F •
(1946 mg MUF • 1249 mg EUF •
940 mg ges. FS) • P/S=1,8

Gemüsesalat mit Erbsenkeimlingen

Keimzeit der Erbsen: ca. 3 Tage
Zubereitungszeit: ca. 1/4 Std.
Zeit zum Durchziehen: ca. 1/2 Std.

Für 2 Personen

- 1 kleine Knoblauchzehe
- wenig Kräutersalz
- 1 EL Obstessig
- 2 EL kaltgepreßtes Sonnenblumenöl
- frisch gemahlener Pfeffer
- 1 EL frisch gehacktes Basilikum
- 150 g Erbsenkeimlinge (aus ca. 75 g Samen; siehe auch Seite 126)
- 1 kleine rote Zwiebel
- 50 g rote Paprikaschote
- 50 g grüne Paprikaschote
- 70 g frische oder tiefgekühlte Maiskörner
- 1 große Tomate
- einige Basilikumblätter

1. Die Knoblauchzehe schälen und mit wenig Kräutersalz zu einer Paste zerreiben. Den Obstessig dazugeben und so lange rühren, bis sich das Salz aufgelöst hat. Das Öl darunterschlagen und die Marinade mit Pfeffer und Basilikum kräftig abschmecken.
2. Die Erbsenkeimlinge etwa 1 Minute in kochendem Wasser blanchieren, dann kalt abschrecken und in die Marinade geben. Etwa 1/2 Stunde durchziehen lassen.
3. Inzwischen die Zwiebel schälen und in Ringe schneiden. Die Paprikaschoten in sehr feine Streifen schneiden und zusammen mit der Zwiebel und dem Mais unter den Salat mischen.
4. Die Tomate vom Stielansatz befreien und achteln. Den Salat nochmals abschmecken, dann mit den Tomatenecken und den Basilikumblättern garnieren.

ca. 275 kcal • 9,3 g E • 31 g KH • 6 g Bst. • 0 mg Chol. • 11,2 g F • (6084 mg MUF • 2179 mg EUF • 1260 mg ges. FS) • P/S=4,8

Staudensellerie mit Walnußsauce

Keimzeit des Weizens:
2–3 Tage
Zubereitungszeit: ca. 1/4 Std.

Für 2 Personen

- 30 g Blauschimmelkäse 30% Fett i. Tr.
- 125 g Dickmilch 1,5% Fett
- etwas Zitronensaft
- wenig Meersalz
- frisch gemahlener weißer Pfeffer
- 1 kleiner Kopf Radicchiosalat
- 300 g Staudensellerie mit etwas Grün
- 200 g Grapefruit mit Schale
- 90 g Weizenkeimlinge (aus ca. 40 g Körnern; siehe auch Seite 126)
- 5 Walnußkerne

1. Den Käse zusammen mit der Dickmilch und etwas Zitronensaft pürieren. Mit wenig Salz und Pfeffer abschmecken.
2. Den Radicchio in die einzelnen Blätter zerteilen, sie waschen, trockenschleudern und auf zwei Teller verteilen.
3. Die Selleriestangen in sehr feine Streifen schneiden. Die Grapefruit schälen, filetieren und mit dem Sellerie mischen. Alles auf den vorbereiteten Salatblättern anrichten.
4. Die Käsesauce darüberziehen und den Salat mit den gut gewaschenen, abgetropften Weizenkeimlingen, den grobgehackten Walnußkernen und dem Selleriegrün garnieren.

ca. 227 kcal • 10 g E • 17,7 g KH • 4 g Bst. • 19 mg Chol. • 11,3 g F • (3966 mg MUF • 2473 mg EUF • 3796 mg ges. FS) • P/S=1

Kohlrabi-Melonen-Frischkost

Keimzeit des Alfalfa:
7–8 Tage
Zubereitungszeit: ca. 1/4 Std.

Für 2 Personen

- 125 g Joghurt 1,5% Fett
- etwas Zitronensaft oder Obstessig
- wenig Meersalz
- frisch gemahlener Pfeffer
- 200 g Kohlrabi (die zarten Blätter des Kohlrabi beiseite legen)
- 160 g Wassermelone ohne Schale
- 1 EL Kürbiskerne
- 50 g Alfalfakeimlinge (aus ca. 10 g Samen; siehe auch Seite 126)

1. Den Joghurt mit etwas Zitronensaft oder Essig verrühren, dann mit wenig Meersalz und Pfeffer abschmecken.
2. Den Kohlrabi in sehr dünne Scheiben schneiden, auf zwei Teller verteilen und mit der Sauce überziehen.
3. Die Melone grob würfeln und zusammen mit den Kürbiskernen auf dem Salat verteilen.
4. Die Alfalfakeimlinge waschen, trockenschleudern und kreisförmig auf dem Salat anrichten. Mit kleinen Kohlrabiblättern garnieren.

ca. 110 kcal • 6,3 g E • 11 g KH • 2,6 g Bst. • 3,3 mg Chol. • 3,8 g F • (1326 mg MUF • 786 mg EUF • 1029 mg ges. FS) • P/S=1,3

Staudensellerie mit Lachs

Zubereitungszeit: ca. 20 Min.

Für 2 Personen

- wenig Meersalz
- etwas Zitronensaft
- frisch gemahlener Pfeffer
- frisch geriebener Meerrettich
- 1 Orange
- 1 EL kaltgepreßtes Sonnenblumenöl
- 200 g Staudensellerie
- 3 EL saure Sahne
- 4 Scheiben Vollkornbrot
- 60 g Gravad Lachs (gebeizter roher Lachs)
- einige Dillspitzen

1. Ein wenig Meersalz unter ständigem Rühren in etwas Zitronensaft auflösen. Die Marinade mit Pfeffer und geriebenem Meerrettich abschmecken.
2. Die Orange schälen, filetieren und den dabei austretenden Saft zusammen mit dem Öl unter die Marinade schlagen.
3. Den geputzten Staudensellerie in sehr feine Streifen schneiden und zusammen mit den Orangenfilets unter die Marinade heben.
4. Die Vollkornbrote mit der sauren Sahne bestreichen. Leicht salzen und pfeffern.
5. Die Brote mit dem hauchdünn geschnittenen Lachs belegen und mit den Dillspitzen garnieren. Die Brote zum Salat essen.

ca. 342 kcal • 14,6 g E • 44,5 g KH • 10,2 g Bst. • 28 mg Chol. • 9,2 g F • (3754 mg MUF • 2156 mg EUF • 2185 mg ges. FS) • P/S=1,7

Variation
Wer möchte, kann den Salat noch mit Weizenkeimlingen bestreuen.

Fenchelsalat mit Lachs

Zubereitungszeit: ca. 20 Min.

Für 2 Personen

wenig Meersalz
125 g Joghurt 1,5% Fett
Currypulver
frisch gemahlener Pfeffer
etwas Zitronensaft
200 g Fenchel
½ Kopf Friséesalat
3 Mandarinen
50 g geräucherter Lachs
einige Dillspitzen

1. Ein wenig Meersalz im Joghurt unter ständigem Rühren auflösen. Die Sauce mit Curry, Pfeffer und Zitronensaft abschmecken.
2. Den Fenchel in sehr feine Streifen schneiden und sofort unter die Sauce mischen.
3. Den Friséesalat zerpflükken, waschen und trockenschleudern. Auf zwei Teller anrichten.
4. Den Fenchelsalat nochmals abschmecken und auf den Friséesalat geben.
5. Die Mandarinen schälen, in die einzelnen Spalten teilen und diese auf den Salat setzen.
6. Den Salat mit den zusammengerollten Lachsscheiben und Dillspitzen garnieren.

ca. 168 kcal • 12,2 g E • 12,3 g KH • 4,4 g Bst. • 14,7 mg Chol. • 6,3 g F • (1500 mg MUF • 2071 mg EUF • 1796 mg ges. FS) • P/S=0,8

Tip
Essen Sie dazu Vollkornbrot oder -baguette.

Bohnensalat mit Thunfisch

Quellzeit der Bohnen: ca. 8 Std.
Zubereitungszeit: ca. 1¼ Std.

Für 2 Personen

75 g weiße Bohnenkerne
¼ l Gemüsebrühe (Rezept Seite 52)
wenig Meersalz
2 EL Obstessig
200 g frischer Thunfisch (1 große Scheibe)
etwas Zitronensaft
wenig Kräutersalz
frisch gemahlener Pfeffer
1 TL Olivenöl
1 EL kaltgepreßtes Sonnenblumenöl
1 kleine rote Zwiebel
1 große Tomate
100 g Salatgurke
einige Dillspitzen

1. Die verlesenen, gewaschenen Bohnenkerne etwa 8 Stunden oder über Nacht in gut ½ Liter Wasser quellen lassen.
2. Die Gemüsebrühe angießen, zum Kochen bringen und die Bohnen zugedeckt bei nur geringer Hitzezufuhr in etwa 1 Stunde weichkochen.
3. Kurz vor dem Ende der Garzeit mit wenig Meersalz würzen, übrige Flüssigkeit abgießen und die Bohnen mit dem Obstessig kräftig säuern. Dann abkühlen lassen.
4. Den Thunfisch waschen, trockentupfen, mit Zitronensaft beträufeln und kurz ziehen lassen. Dann sparsam salzen, doch kräftig pfeffern.
5. Den Fisch im mäßig heißen Olivenöl von beiden Seiten je nach Stärke zwischen 4 und 5 Minuten braten.
6. Inzwischen wenig Kräutersalz unter ständigem Rühren in etwas Zitronensaft auflösen. Das Sonnenblumenöl darunterschlagen und die Sauce mit Pfeffer abschmecken. Ein Drittel der Marinade unter die Bohnen mischen.
7. Die Zwiebel schälen, in Ringe schneiden, die Tomate und die Gurke in Scheiben schneiden und alles unter die restliche Marinade ziehen.
8. Den Thunfisch von Haut und Gräten befreien, zerteilen und zusammen mit den Bohnenkernen auf zwei Teller anrichten. Die Gemüsesauce darübergeben und mit den Dillspitzen garnieren.

ca. 511 kcal • 42,4 g E • 37,5 g KH • 19,4 g Bst. • 79,7 mg Chol. • 17 g F •
(5763 mg MUF • 5917 mg EUF • 3036 mg ges. FS) • P/S=1,9

Bohnensalat mit Weizenkeimlingen

Keimzeit des Weizens: 2–3 Tage
Zubereitungszeit: ca. ½ Std.
Zeit zum Durchziehen: ca. 20 Min.

Für 2 Personen

- 1 kleine Zwiebel
- 1 TL Olivenöl
- 200 g grüne Bohnen
- 2 Zweige Bohnenkraut
- 50 ml ungesalzene Gemüsebrühe (Rezept Seite 52)
- 1 große Tomate
- 1 kleine Knoblauchzehe
- wenig Kräutersalz
- 1 EL Obstessig
- etwas Senf
- 2 EL kaltgepreßtes Sonnenblumenöl
- 2 EL frisch gehackte Kräuter (Schnittlauch, Petersilie, Estragon, Dill, Kerbel und andere)
- frisch gemahlener Pfeffer
- 90 g Weizenkeimlinge (aus ca. 40 g Körnern; siehe auch Seite 126)

1. Die Zwiebel schälen, fein würfeln und im mäßig heißen Olivenöl glasig dünsten.
2. Die geputzten Bohnen, das Bohnenkraut und die Gemüsebrühe dazugeben. Das Gemüse in 10 bis 15 Minuten bißfest dünsten.
3. Die Tomate halbieren, sehr fein würfeln und dazugeben. Einmal mit aufkochen und dann alles abkühlen lassen.
4. Inzwischen die Vinaigrette zubereiten. Dazu ein wenig Kräutersalz im Obstessig auflösen. Etwas Senf und das Öl darunterschlagen. Die Kräuter in die Marinade geben und alles kräftig mit Pfeffer würzen.
5. Das Bohnenkraut aus dem Gemüse nehmen. Die Marinade über die abgekühlten Bohnen geben und den Salat etwa 20 Minuten durchziehen lassen.
6. Die Weizenkeimlinge gründlich waschen, abtropfen lassen und über den Salat streuen.

ca. 193 kcal • 4,5 g E • 12 g KH • 5 g Bst. • 0 mg Chol. • 13,2 g F •
(5992 mg MUF • 3706 mg EUF • 1518 mg ges. FS) • P/S=4

Linsensprossensalat

Keimzeit der Linsen: ca. 3 Tage
Zubereitungszeit: ca. ¼ Std.

Für 2 Personen

- wenig Kräutersalz
- 1 EL Balsamessig (Aceto balsamico)
- 1 EL kaltgepreßtes Sonnenblumenöl
- etwas Senf
- 3 EL saure Sahne
- frisch gemahlener Pfeffer
- 1 Schalotte
- 1 EL gehackte glatte Petersilie
- 100 g Linsensprossen (aus ca. 20 g Samen; siehe auch Seite 126)
- 100 g Topinambur (kartoffelähnliche Knollenfrucht siehe Tip Seite 47)
- 1 kleine Möhre
- 140 g rote Bete
- 50 g Feldsalat

1. Ein wenig Kräutersalz unter ständigem Rühren im Balsamessig auflösen. Das Öl, etwas Senf und die saure Sahne darunterschlagen und die Sauce kräftig mit Pfeffer würzen.
2. Die Schalotte schälen, sehr fein hacken und zusammen mit der Petersilie unter die Sauce rühren.
3. Die Linsensprossen in kochendem Salzwasser etwa 1 Minute blanchieren. In sehr kaltem Wasser abschrecken, abtropfen lassen und unter die Sauce ziehen.
4. Das Gemüse putzen, grob raspeln und sofort mit den Linsenkeimlingen mischen.
5. Den Feldsalat verlesen, waschen, trockenschleudern und auf zwei Teller verteilen. Den Linsensalat nochmals abschmecken und auf dem vorbereiteten Salat anrichten.

ca. 196 kcal • 8,4 g E • 20,5 g KH • 11 g Bst. • 7,4 mg Chol. • 7,7 g F •
(3178 mg MUF • 1705 mg EUF • 1868 mg ges. FS) • P/S=1,7

Bohnensalat auf Eichblattsalat

Quellzeit der Bohnen:
ca. 8 Std.
Zubereitungszeit: ca. 1½ Std.

Für 2 Personen

75 g rote Bohnenkerne
¼ l ungesalzene Gemüsebrühe (Rezept Seite 52)
wenig Meersalz
1 EL Rotweinessig
etwas Zitronensaft
etwas Kräutersenf
frisch gemahlener Pfeffer
1 EL kaltgepreßtes Sonnenblumenöl
2 Schalotten
1 kleine Knoblauchzehe
1 TL Diätmargarine
150 g Pfifferlinge
½ Kopf Eichblattsalat
1 EL gehackte Petersilie

1. Die verlesenen, gewaschenen Bohnenkerne etwa 8 Stunden oder über Nacht in gut ½ Liter Wasser quellen lassen.
2. Die Gemüsebrühe angießen, zum Kochen bringen und die Bohnen zugedeckt bei geringer Hitzezufuhr in etwa 1 Stunde weich kochen. Die übrige Flüssigkeit abgießen.
3. Wenig Meersalz unter ständigem Rühren im Essig auflösen. Etwas Zitronensaft dazugeben, kräftig mit Senf und Pfeffer würzen und das Öl darunterrühren.
4. Die abgekühlten Bohnenkerne in der Marinade etwa 20 Minuten ziehen lassen.
5. In der Zwischenzeit die Schalotten und die Knoblauchzehe schälen, beides fein hacken. In der mäßig heißen Margarine glasig dünsten. Die vorbereiteten Pfifferlinge dazugeben und etwa 5 Minuten mitdünsten, wenig salzen und pfeffern.
6. Den Eichblattsalat zerpflücken, waschen, trockenschleudern und auf zwei Teller verteilen.
7. Die warmen Pilze unter die Bohnenkerne mischen. Auf dem Eichblattsalat anrichten und mit der Petersilie bestreuen. Den Salat noch warm servieren.

ca. 206 kcal • 10 g E • 20 g KH • 11 g Bst. • 0 mg Chol. • 8 g F • (4296 mg MUF • 1395 mg EUF • 1129 mg ges. FS) • P/S=3,8

Tip
Dazu paßt frisches Vollkornbrot mit Kräuterbutter.

Topinambur-Reis-Salat

Zubereitungszeit: ca. 3/4 Std.

Für 2 Personen

60 g Naturreis
1 Schalotte
1 kleine Knoblauchzehe
1 TL Olivenöl
1/8 l Gemüsebrühe (Rezept Seite 52)
Currypulver
frisch geriebener Ingwer
wenig Meersalz
200 g Topinambur (kartoffelähnliche Knolle; siehe dazu auch den Tip)
etwas Zitronensaft
frisch gemahlener Pfeffer
2 EL kaltgepreßtes Sonnenblumenöl
1 kleiner Kopf Radicchiosalat
1 EL frisch gehackter Dill

1. Den Reis zuerst mit warmem, dann mit kaltem Wasser abspülen.
2. Die Schalotte und die Knoblauchzehe schälen und fein hacken. Beides im mäßig heißen Olivenöl glasig dünsten.
3. Den Reis kurz mit anschwitzen, die Gemüsebrühe angießen und den Reis zugedeckt bei geringer Hitzezufuhr etwa 20 Minuten quellen lassen. Kräftig mit Curry und Ingwer und mild mit Meersalz würzen.
4. Inzwischen die Topinamburknolle gut abbürsten, in kleine Würfel schneiden, dazugeben und nun 10 Minuten mitdünsten. Dann auf der ausgeschalteten Herdplatte etwa 10 Minuten nachquellen lassen.
5. Wenig Meersalz in etwas Zitronensaft unter ständigem Rühren auflösen und kräftig mit Pfeffer würzen. Dann das Sonnenblumenöl darunterschlagen.
6. Den Radicchio in einzelne Blätter zerteilen, diese waschen und trockenschleudern. Den Reis vorsichtig mit einer Gabel auflockern und die Marinade darunterziehen.
7. Den Reissalat auf den vorbereiteten Radicchioblättern anrichten und mit dem Dill bestreuen.

ca. 270 kcal • 5 g E • 30 g KH • 13 g Bst. • 0 mg Chol. • 12,5 g F • (6088 mg MUF • 3117 mg EUF • 1478 mg ges. FS) • P/S=4,1

Tip

Topinambur sind die eßbaren Knollen einer Sonnenblumenart, die auch bei uns gut gedeiht. Die schlanken Knollen können in der Gartenerde problemlos überwintern; sie überstehen Frost bis zu 30° C minus. Die Knollen besitzen eine dünne Schale, die man mitessen kann. Da die Knollen oft unregelmäßig geformt sind, ist schälen sehr mühevoll, es reicht, sie abzubürsten. Topinambur haben ein angenehm nußartiges Aroma, gedünstet schmecken sie leicht säuerlich, ähnlich wie Artischockenböden. Topinambur sind reich an Kalium, Magnesium und Vitamin B_1.

SUPPEN, SAUCEN UND BEILAGEN

Eine Suppe kann, je nach den gewählten Zutaten, Auftakt eines Menüs sein oder selbst den Hauptgang bilden. Auch in einer cholesterinarmen Ernährung muß sie nicht fehlen, denn eine gute Suppe kommt ohne schwimmende Fettaugen und ohne Sahne- oder Eilegierungen aus. Köstliche Alternativen finden Sie im folgenden Kapitel.

Basis ist eine selbstgemachte Gemüsebrühe, die auch zum Garen von Gemüse, Getreide oder Hülsenfrüchten ideal ist. Verzichten Sie auf die üblichen Brühwürfel und Trockenprodukte, da sie meist viel Salz enthalten. Bereiten Sie die Brühe lieber selbst zu, und salzen Sie erst nach dem Garen sehr sparsam. Wenn Sie nur geringe Gemüsebrühemengen benötigen, sind natriumarme Extrakte, die in Reformhäusern angeboten werden, ein akzeptabler Ersatz.

Auch auf die Sauce muß man bei einer cholesterinarmen Ernährung nicht verzichten, denn statt Butter und Sahne können Kräuter, Gewürze, Gemüse und auch Früchte die Hauptzutaten sein. Die hier vorgestellten Saucen ergänzen einfache Getreidegerichte, kurzgebratenes oder gegrilltes mageres Fleisch, gedünsteten Fisch, vegetarische Bratlinge und viele Gemüsesorten auf ideale Weise.

Beilagen sollten bei einer gesunden Ernährung den Hauptgerichten in nichts nachstehen. Gemüse, Kartoffeln, Reis und andere Getreidesorten sowie Teigwaren ohne Eigelb sind cholesterinfrei und bei sachgemäßer Zubereitung fett- und damit kalorienarm.

Bei Reis, eifreien Teigwaren und anderen Getreidesorten ist eine Menge von etwa 50 Gramm pro Person ausreichend, bei Kartoffeln rechnet man 200 Gramm. Wer jedoch sein Gewicht reduzieren möchte, der sollte sich bei Reis und anderen Getreidesorten sowie bei Teigwaren auf 30 Gramm oder bei Kartoffeln auf 100 Gramm beschränken.

Gemüsebrühe

Zubereitungszeit: ca. ¾ Std.

Für 1½ Liter Brühe

1 Zwiebel
100 g Möhren
100 g Knollensellerie
100 g Lauch
100 g Petersilienwurzel
1,5 l Wasser
1 Knoblauchzehe
einige Liebstöckelblätter
einige Petersilienstengel
Meersalz
Hefeflocken oder -extrakt

1. Die Zwiebel schälen, halbieren und die Schnittflächen in einem Topf ohne Fettzugabe bräunen.
2. Inzwischen das Gemüse putzen, eventuell schälen, waschen und kleinschneiden. Zu der Zwiebel geben, mit dem Wasser bedecken und 20 bis 30 Minuten kochen lassen.
3. Nach etwa ¼ Stunde Kochzeit die geschälte Knoblauchzehe, die Liebstöckelblätter, die Petersilienstengel und etwas Meersalz hinzufügen und fertigkochen lassen.
4. Die Brühe durch ein Sieb gießen und mit Hefeflocken oder Hefeextrakt würzen.

¼ Liter Brühe enthält:
ca. 20 kcal • 0,4g E •
0,4 g KH • 0,2 g Bst. •
0 mg Chol. • 1,6 g F •
(688 mg MUF • 484 mg EUF •
284 mg ges. FS) • P/S=2,4

Tip
Je nach Verwendung, wird die Gemüsebrühe mit wenig Salz abgeschmeckt. Für das Garen von Vollkornreis sollten Sie jedoch immer ungesalzene Brühe verwenden. Anstelle des Gemüses kann man auch sehr gut gesäuberte Gemüseabschnitte und -schalen verwenden.

Möhren-Hirse-Süppchen

Zubereitungszeit: ca. ¼ Std.

Für 2 Personen

2 Schalotten
1 mittelgroße Möhre
1 TL Öl
20 g Hirsemehl
etwas Currypulver
½ l Gemüsebrühe (Rezept links)
frisch geriebene Muskatnuß
frisch geriebener Ingwer
wenig Meersalz
2 TL saure Sahne
einige Dillspitzen

1. Die Schalotten schälen und fein hacken. Die Möhre in Scheiben schneiden. Beides im mäßig heißen Öl andünsten.
2. Das Hirsemehl und etwas Currypulver darüberstreuen und kurz anschwitzen. Mit der kalten Gemüsebrühe auffüllen, aufkochen und die Suppe bei geringer Hitzezufuhr etwa 10 Minuten kochen lassen. Dabei ab und zu umrühren.
3. Die Suppe pürieren, mit Muskatnuß, Ingwer und wenig Salz abschmecken und nochmals erhitzen.
Die Suppe in vorgewärmte Tassen füllen und mit der sauren Sahne und den Dillspitzen garnieren.

ca. 112 kcal • 2,7 g E •
12,6 g KH • 2,5 g Bst. •
2 mg Chol. • 5,2 g F •
(2278 mg MUF • 1210 mg EUF •
947 mg ges. FS) • P/S=2,4

Feines Kerbelsüppchen

Zubereitungszeit: ca. 20 Min.

Für 2 Personen

1 Schalotte
2 mittelgroße Kartoffeln
1 TL Diätmargarine
½ l Gemüsebrühe (Rezept links)
¼ Bund Kerbel
1 TL Sonnenblumenkerne
wenig Meersalz
frisch gemahlener Pfeffer
frisch geriebene Muskatnuß
50 g Kefir 1,5% Fett

1. Die Schalotte schälen und fein hacken. Die Kartoffeln schälen und in kleine Würfel schneiden.
2. Die Schalotten in der mäßig heißen Diätmargarine andünsten, die Kartoffelwürfel hinzufügen und kurz anschwitzen.
3. Die heiße Gemüsebrühe angießen und die Kartoffeln zugedeckt in 10 bis 15 Minuten weich kochen.
4. In der Zwischenzeit den Kerbel waschen, von den groben Stielen befreien und fein hacken. Die Sonnenblumenkerne in einer heißen Pfanne ohne Fettzugabe leicht rösten.
5. Die Suppe pürieren, nochmals aufkochen lassen und mit wenig Meersalz, Pfeffer und Muskatnuß würzen. Dann den Kefir unter die Suppe schlagen.
6. Den Kerbel in die Suppe geben und sie mit den Sonnenblumenkernen garnieren.

ca. 158 kcal • 4,2 g E •
17,4 g KH • 2,4 g Bst. •
1,6 mg Chol. • 7 g F •
(3186 mg MUF • 1494 mg EUF •
1296 mg ges. FS) • P/S=2,5

Tomatenconsommé mit Basilikum

Zubereitungszeit: ca. 40 Min.

Für 2 Personen

2 Schalotten
1 Knoblauchzehe
¼ Bund Basilikum
einige Zweige Thymian
1 TL Olivenöl
300 g sehr reife Tomaten
1 TL Tomatenmark
wenig Meersalz
frisch gemahlener Pfeffer
400 ml Gemüsebrühe (Rezept Seite 52)
2 Eiweiß
2 TL saure Sahne
3 Kirschtomaten

1. Die Schalotten und die Knoblauchzehe schälen und fein hacken. Vom Basilikum die schönsten Blätter zum Garnieren beiseite legen.

2. Die Schalotten, den Knoblauch, das restliche Basilikum und den Thymian im mäßig heißen Olivenöl andünsten.

3. Von den Tomaten die Stielansätze entfernen und das Gemüse kleinschneiden. Mit dem Tomatenmark zur Schalottenmischung geben und 5 Minuten dünsten. Mit wenig Meersalz und Pfeffer abschmecken. Die kalte Gemüsebrühe angießen und das Ganze abkühlen lassen.

4. Die Eiweiße unter die kalte Suppe mischen und auf kleiner Flamme langsam wieder zum Sieden bringen. Dabei ab und zu vorsichtig umrühren, damit die Eiweiße nicht ansetzen. Die Suppe 20 Minuten ziehen lassen, nochmals abschmekken und vorsichtig durch ein feines Tuch gießen.

5. Die Consommé in zwei angewärmte Suppenteller geben. Mit der glattgerührten sauren Sahne, den halbierten Kirschtomaten und den Basilikumblättern garnieren.

ca. 100 kcal • 3,4 g E • 9,6 g KH • 3,7 g Bst. • 5,5 mg Chol. • 4,8 g F • (927 mg MUF • 1850 mg EUF • 1410 mg ges. FS) • P/S=0,7

Grünkernsüppchen mit Frühlingszwiebelröllchen

Zubereitungszeit: ca. 1/4 Std.

Für 2 Personen

30 g feines Grünkernschrot
1/2 l Gemüsebrühe (Rezept Seite 52)
1 Frühlingszwiebel
1 TL Diätmargarine
wenig Meersalz
frisch geriebene Muskatnuß
frisch gehackter Estragon

1. Das Grünkernschrot in einem heißen Topf ohne Fettzugabe so lange rösten, bis es angenehm duftet.
2. Die kalte Gemüsebrühe angießen, aufkochen und das Schrot 5 Minuten zugedeckt quellen lassen.
3. Inzwischen die Frühlingszwiebel putzen, halbieren, waschen und in feine Röllchen schneiden. Dann in der mäßig heißen Diätmargarine bißfest braten.
4. Die Suppe mit wenig Meersalz, Muskatnuß und Estragon abschmecken, in zwei Suppentassen füllen und mit den Frühlingszwiebelröllchen garnieren.

ca. 89 kcal • 2,5 g E • 11,4 g KH • 1,8 g Bst. • 0 mg Chol. • 3,4 g F • (1463 mg MUF • 746 mg EUF • 614 mg ges. FS) • P/S=2,4

Variation
Anstelle des Grünkerns kann man auch Hafer- oder Dinkelschrot zum Binden verwenden.

Topinambursuppe mit Kerbelsahne

Zubereitungszeit: ca. ¼ Std.

Für 2 Personen

1 kleine Möhre
1 Frühlingszwiebel
1 TL Sonnenblumenöl
100 g Topinambur (kartoffelähnliche Knollenfrucht)
20 g grobes Haferschrot
wenig Meersalz
frisch gemahlener Pfeffer
½ l Gemüsebrühe (Rezept Seite 52)
frisch geriebene Muskatnuß
2 TL saure Sahne
einige Kerbelzweige

1. Die Möhre und die Frühlingszwiebel putzen und fein würfeln. Zuerst die Möhre im mäßig heißen Öl glasig dünsten, anschließend die Zwiebel.
2. Inzwischen die Topinambur fein würfeln. Mit dem Haferschrot zum Gemüse geben und leicht anschwitzen. Das Ganze wenig salzen und pfeffern.
3. Die kalte Gemüsebrühe angießen und aufkochen lassen. Das Gemüse bißfest kochen und die Suppe mit Muskatnuß würzen.
4. Die Suppe in vorgewärmte Tassen füllen und mit der sauren Sahne und dem Kerbel garnieren.

ca. 117 kcal • 3,7 g E • 11,5 g KH • 8 g Bst. • 2 mg Chol. • 5,7 g F • (2238 mg MUF • 1144 mg EUF • 1533 mg ges. FS) • P/S=1,5

Kürbis-Fenchel-Suppe

Zubereitungszeit: ca. 20 Min.

Für 2 Personen

- 250 g Kürbisfleisch (Squash, Türkenturban oder andere Sorten)
- 50 g Fenchel
- 1 TL Diätmargarine
- 1 EL trockener Weißwein
- 1 Msp. gemahlener Koriander
- frisch gemahlener Pfeffer
- 1 Msp. gemahlener Anis
- 400 ml Gemüsebrühe (Rezept Seite 52)
- 2 TL saure Sahne
- wenig Kräutersalz
- frisch gezupfte Thymianblättchen

1. Die geschälten Kürbisse (einige Kerne für die Garnitur beiseite legen) in etwa 2 Zentimeter große Würfel schneiden.
2. Vom Fenchel das Grün entfernen und beiseite legen. Das Gemüse in ganz feine Streifen schneiden.
3. Die Fenchelstreifen in der mäßig heißen Diätmargarine und dem Weißwein bißfest dünsten. Das Gemüse aus dem Topf nehmen und warm halten.
4. Die Kürbiswürfel in den Topf geben und mit Koriander, Pfeffer und Anis würzen. Die heiße Gemüsebrühe angießen und den Kürbis 10 bis 15 Minuten auf kleinster Flamme kochen, bis er weich ist.
5. Inzwischen die Kerne in einer heißen Pfanne ohne Fettzugabe goldgelb rösten.
6. Die Suppe pürieren und nochmals aufkochen lassen. Die saure Sahne darunterziehen, die Suppe mit wenig Kräutersalz abschmecken und in zwei vorgewärmte Suppentassen füllen. Die Suppe mit dem Fenchel, dem Fenchelkraut und den Thymianblättchen garnieren.

ca. 64 kcal • 2,6 g E • 5 g KH • 2 g Bst. • 2 mg Chol. • 3,3 g F • (1228 mg MUF • 759 mg EUF • 834 mg ges. FS) • P/S=1,5

Kichererbsensuppe

Quellzeit der Kichererbsen: 7–8 Std.
Zubereitungszeit: ca. 1½ Std.

Für 2 Personen

50 g Kichererbsen
½ l ungesalzene Gemüsebrühe (Rezept Seite 52)
2 Nelken
weiße Pfefferkörner
wenig Meersalz
1 kleine Zwiebel
1 Knoblauchzehe
1 große Möhre
100 g Wirsing
2 mittelgroße Kartoffeln
1 TL Diätmargarine
frisch gemahlener Pfeffer
20 schwarze Oliven
frischer Thymian zum Bestreuen

1. Die Kichererbsen mit der Gemüsebrühe in einen Topf geben und etwa 8 Stunden oder über Nacht quellen lassen.
2. Die Nelken und die Pfefferkörner in ein Leinensäckchen geben, das zugebunden wird. Die Kichererbsen zusammen mit dem Gewürzbeutel bei geringer Hitzezufuhr etwa 1 Stunde garen, dann erst salzen.
3. In der Zwischenzeit die Zwiebel und den Knoblauch schälen. Die Zwiebel fein hacken, die Knoblauchzehe zerdrücken. Das Gemüse und die geschälten Kartoffeln würfeln.
4. Die Zwiebel und den Knoblauch in der mäßig heißen Margarine glasig braten, zusammen mit dem Gemüse zu den Kichererbsen geben und alles salzen und pfeffern.
5. Eventuell noch etwas Gemüsebrühe angießen und das Ganze etwa 20 Minuten kochen lassen. Kurz vor dem Ende der Garzeit die Oliven darunterrühren. Den Suppentopf kräftig abschmecken und mit Thymianblättchen bestreuen.

ca. 330 kcal • 8,8 g E •
31,4 g KH • 9,2 g Bst. •
0 mg Chol. • 6 g F •
(2296 mg MUF • 1928 mg EUF •
1006 mg ges. FS) • P/S=2,3

Erbsensuppe mit Safrannockerln

Zubereitungszeit: ca. ½ Std.

Für 2 Personen

1 Frühlingszwiebel
100 g Zuckerschoten
1 TL Diätmargarine
1 EL Gemüsebrühe (Rezept Seite 52)

Für die Safrannockerln:
1 TL Diätmargarine
1 EL Magerquark
1 EL Vollkornweizengrieß
1–2 TL Vollkornsemmelbrösel
wenig Kräutersalz
1 Msp. Safran
1 Msp. Kurkuma
frisch gemahlener Pfeffer
frisch geriebene Muskatnuß
300 ml Gemüsebrühe

Außerdem:
150 g frische oder tiefgekühlte grüne Erbsen
wenig Meersalz
2 TL Dickmilch 1,5% Fett
evtl. einige Borretschblüten

1. Die Frühlingszwiebel putzen. Von den Zuckerschoten die Spitzen abschneiden und die Schoten waschen. Die Zwiebel in feine Ringe schneiden und mit den Zuckerschoten in der mäßig heißen Diätmargarine mit 1 Eßlöffel Gemüsebrühe 5 Minuten dünsten.
2. Inzwischen für die Safrannockerln die Diätmargarine mit dem Quark, dem Vollkorngrieß, den Vollkornsemmelbröseln und den Gewürzen verkneten. 6 bis 8 kleine Nockerln in die siedende Gemüsebrühe abstechen, sie darin 5 Minuten ziehen lassen und herausnehmen.
3. Das Gemüse aus dem Topf nehmen, die grünen Erbsen hineingeben, mit der Gemüsebrühe auffüllen und 5 Minuten kochen lassen. Dann pürieren und mit wenig Meersalz und Pfeffer abschmecken.
4. Das Gemüse in die Erbsensuppe geben und nochmals aufkochen lassen.
5. Die Erbsensuppe auf zwei vorgewärmte Teller geben. Die Nockerln darauf verteilen. Die Suppe mit der Dickmilch und eventuell einigen Borretschblüten garnieren.

ca. 197 kcal • 10,8 g E •
24 g KH • 6 g Bst. •
0,4 mg Chol. • 5 g F •
(2062 mg MUF • 1110 mg EUF •
1186 mg ges. FS) • P/S=1,7

Gazpacho (kalte spanische Gemüsesuppe)

Zubereitungszeit: ca. 1/4 Std.
Zeit zum Kühlen: ca. 2 Std.

Für 2 Personen

- 1 Zwiebel
- 1 Knoblauchzehe
- 1 Fleischtomate
- 100 g Salatgurke
- 75 g gelbe Paprikaschote
- 75 g grüne Paprikaschote
- 1 EL kaltgepreßtes Sonnenblumenöl
- 1 TL Zitronensaft
- 1/4 l gut gewürzte Gemüsebrühe (Rezept Seite 52)
- wenig Meersalz
- 1/2 Msp. Chili
- frisch gemahlener Pfeffer
- 1/4 Bund Schnittlauch
- 1/4 Bund Dill

1. Die Zwiebel und die Knoblauchzehe schälen und beides grob würfeln.
2. Von der Tomate den Blütenansatz herausschneiden und die Haut kreuzweise einritzen. Die Tomate kurz in kochendes Wasser tauchen, anschließend kalt abschrecken und die Haut abziehen. Das Fruchtfleisch grob würfeln.
3. Von der geschälten Gurke einige Scheiben als Garnitur beiseite legen. Die übrige Gurke sowie die Paprikaschoten grob würfeln.
4. Das ganze Gemüse im Mixer pürieren und mit dem Öl und dem Zitronensaft verrühren.
5. Die kalte Gemüsebrühe unter das Gemüsemus rühren und mit wenig Meersalz sowie etwas Chili und Pfeffer abschmecken. Die Suppe abdecken und 2 Stunden kalt stellen.
6. Inzwischen die gewaschenen und trockengetupften Kräuter ganz fein hacken.
7. Die Suppe nochmals abschmecken und auf zwei Teller verteilen. Mit den Kräutern und den Gurkenscheiben garnieren.

ca. 115 kcal • 4,4 g E • 12,8 g KH • 7,3 g Bst. • 0 mg Chol. • 4,4 g F • (2266 mg MUF • 823 mg EUF • 611 mg ges. FS) • P/S=3,7

Tip
Dazu paßt geröstetes Knoblauchbaguette.

Borschtsch mit Zanderfilet und roten Linsen

Zubereitungszeit: ca. 40 Min.

Für 2 Personen

25 g rote Linsen
½ l ungesalzene Gemüsebrühe (Rezept Seite 52)
1 kleines Lorbeerblatt
25 g Möhre
25 g Petersilienwurzel
25 g Lauch
50 g rote Bete
1 mittelgroße Kartoffel
1 Knoblauchzehe
100 g Zanderfilet
einige Tropfen Zitronensaft
wenig Kräutersalz
2 EL Joghurt 1,5% Fett
1 EL frisch gehackter Liebstöckel
wenig Meersalz
frisch gemahlener schwarzer Pfeffer
einige Tropfen Obstessig

1. Die roten Linsen verlesen, waschen und mit der Gemüsebrühe und dem Lorbeerblatt 15 Minuten zugedeckt bei geringer Hitzezufuhr kochen.
2. Inzwischen das vorbereitete Gemüse und die geschälte Kartoffel in ganz feine Streifen schneiden. Die Knoblauchzehe schälen und zerdrücken.
3. Das Zanderfilet waschen, trockentupfen und in 1 Zentimeter große Würfel schneiden. Mit Zitronensaft beträufeln und mit wenig Kräutersalz würzen.
4. Den Joghurt mit dem Knoblauch und dem gehackten Liebstöckel verrühren.
5. Nach 15 Minuten Kochzeit das Gemüse zu den Linsen geben und in etwa 10 Minuten bißfest kochen. Dann die Suppe mit wenig Meersalz, Pfeffer und etwas Essig pikant abschmecken.
6. Die Fischwürfel in der Suppe 5 Minuten ziehen lassen, bis sie gar sind.
7. Die Suppe nochmals abschmecken, in zwei tiefe Suppenteller füllen und mit dem Knoblauchjoghurt garnieren.

ca. 162 kcal • 15 g E • 16,6 g KH • 4,5 g Bst. • 35,3 mg Chol. • 2,4 g F • (982 mg MUF • 652 mg EUF • 483 mg ges. FS) • P/S=2

Tip
Dazu paßt Vollkornfladenbrot.

Kräutersauce

Zubereitungszeit: ca. 10 Min.

Für 2 Personen

2 Schalotten
1 EL Diätmargarine
1 EL Weizenvollkornmehl
⅛ l fettarme Milch
wenig Meersalz
frisch gemahlener Pfeffer
frisch geriebene Muskatnuß
2 EL feingehackte, gemischte Kräuter (Petersilie, Kerbel, Estragon und andere)

1. Die Schalotten schälen, fein hacken und in der mäßig heißen Margarine anbraten. Das Vollkornmehl dazugeben und darin anschwitzen.
2. Die kalte Milch angießen und unter ständigem Rühren aufkochen lassen. Dann 2 bis 3 Minuten kochen lassen, das Ganze pürieren und mit wenig Salz, Pfeffer und Muskatnuß abschmecken.
3. Die feingehackten Kräuter unter die Sauce ziehen.

ca. 97 kcal • 3,7 g E •
11,2 g KH • 1 g Bst. •
3,3 mg Chol. • 3,6 g F •
(1291 mg MUF • 744 mg EUF •
1164 mg ges. FS) • P/S=1,1

Variation
Anstelle der Kräuter können Sie auch geriebenen Meerrettich, geriebenen Käse oder Zwiebelmus unter die Sauce ziehen.

Kerbelsauce

Zubereitungszeit: ca. 5 Min.

Für 2 Personen

2 Schalotten
2 TL Diätmargarine
einige Blätter junger Spinat oder Sauerampfer
2 EL Gemüsebrühe (Rezept Seite 52)
¼ Bund Kerbel
1½ EL saure Sahne
wenig Meersalz
frisch gemahlener Pfeffer

1. Die Schalotten schälen, fein hacken und in der mäßig heißen Diätmargarine anbraten.
2. Die gewaschenen Spinat- oder Sauerampferblätter dazugeben und 1 Minute mitdünsten. Die Gemüsebrühe angießen und die Sauce aufkochen lassen.
3. Den gewaschenen Kerbel dazugeben und die Sauce pürieren.
4. Die saure Sahne unter die Sauce ziehen und mit wenig Meersalz und Pfeffer abschmecken, nicht mehr kochen lassen.

ca. 60 kcal • 1,3 g E •
5,5 g KH • 0,4 g Bst. •
3,7 mg Chol. • 3,5 g F •
(1223 mg MUF • 746 mg EUF •
1142 mg ges. FS) • P/S=1

Tip
Die Sauce paßt am besten zu Getreide- und Gemüsegerichten.

Paprikasauce

Zubereitungszeit: ca. 20 Min.

Für 2 Personen

1 rote Paprikaschote
1 Zwiebel
1 Knoblauchzehe
1 TL Diätmargarine
100 ml Gemüsebrühe
(Rezept Seite 52)
wenig Meersalz
frisch gemahlener Pfeffer
edelsüßer Paprika

1. Die gewaschene Paprikaschote so lange im Backofen bei 240°C erhitzen, bis die Haut Blasen wirft.
2. Inzwischen die Zwiebel und die Knoblauchzehe schälen. Beides fein würfeln und in der mäßig heißen Margarine anbraten.
3. Die Paprikaschote halbieren, enthäuten und die Fruchtsamen entfernen. Die Paprikaschote mit der Zwiebel-Knoblauch-Mischung pürieren und so viel heiße Gemüsebrühe angießen, daß eine sämige Sauce entsteht.
4. Die Sauce mit wenig Meersalz, aber mit reichlich Pfeffer und Paprika kräftig abschmecken.

ca. 46 kcal • 1,4 g E • 5,6 g KH • 2,6 g Bst. • 0 mg Chol. • 1,7 g F • (814 mg MUF • 327 mg EUF • 358 mg ges. FS) • P/S=2,3

Tip
Die Sauce paßt zu allen pikanten Gerichten.

Möhrensauce

Zubereitungszeit: ca. 10 Min.

Für 2 Personen

1 Schalotte
1 mittelgroße Möhre
1 TL Diätmargarine
1 TL Hirsemehl
1/8 l Gemüsebrühe
einige Tropfen Zitronensaft
wenig Meersalz
frisch gemahlener Pfeffer
1 TL frisch gehackte
Zitronenmelisse

1. Die Schalotte schälen, die Möhre gründlich unter Wasser abbürsten oder schälen und beides fein hacken.
2. Das Gemüse in der heißen Diätmargarine andünsten und das Hirsemehl darüberstreuen. Die kalte Gemüsebrühe angießen und alles unter Rühren zum Kochen bringen.
3. Die Sauce 2 bis 3 Minuten köcheln lassen, dann pürieren und mit Zitronensaft, wenig Meersalz und Pfeffer abschmecken.
4. Die Zitronenmelisse erst kurz vor dem Servieren unter die Sauce rühren.

ca. 46 kcal • 1 g E • 5,8 g KH • 1,7 g Bst. • 0 mg Chol. • 1,8 g F • (818 mg MUF • 347 mg EUF • 363 mg ges. FS) • P/S=2,3

Tip
Die Sauce paßt zu einer Platte mit verschiedenem gedünstetem Gemüse und Getreidegerichten.

Pikante Selleriesauce

Zubereitungszeit: ca. ¼ Std.

Für 2 Personen

- ⅛ l Gemüsebrühe (Rezept Seite 52)
- 10 g feines Dinkelvollkornmehl
- 50 g Knollensellerie
- 1 TL Diätmargarine
- einige Tropfen Zitronensaft
- wenig Kräutersalz
- frisch gemahlener Pfeffer
- etwas frisch gehacktes Selleriegrün
- etwas frisch gehackte Liebstöckelblätter

1. Die Gemüsebrühe zum Kochen bringen. Inzwischen das Dinkelmehl mit etwas Wasser anrühren und in die kochende Brühe rühren. Die Sauce etwa 2 Minuten durchkochen lassen.
2. Den Sellerie fein reiben und mit der Diätmargarine unter die Sauce mischen.
3. Die Sauce nochmals aufkochen lassen und mit dem Zitronensaft, wenig Kräutersalz, Pfeffer und den Kräutern abschmecken. Eventuell noch etwas Gemüsebrühe angießen.

ca. 38 kcal • 1 g E •
4 g KH • 1,4 g Bst. •
0 mg Chol. • 1,8 g F •
(830 mg MUF • 352 mg EUF •
361 mg ges. FS) • P/S=2,3

Tip
Die Sauce paßt zu vielen Getreidegerichten.

Kalte Currysauce

Zubereitungszeit: ca. 10 Min.

Für 2 Personen

- 30 g Banane
- 125 g Joghurt 1,5% Fett
- etwas Zitronensaft
- Currypulver
- etwas frisch geriebener Ingwer
- wenig Meersalz
- frisch gemahlener Pfeffer
- 2 gehackte Walnußkerne oder 1 TL Kokosflocken

1. Die Banane mit dem Joghurt pürieren.
2. Die Sauce mit Zitronensaft, Curry, Ingwer, wenig Meersalz und Pfeffer abschmecken und die Walnußkerne oder die Kokosflocken unter die Sauce ziehen.

ca. 58 kcal • 2,7 g E •
5,4 g KH • 0,6 g Bst. •
3,3 mg Chol. • 2,2 g F •
(930 mg MUF • 470 mg EUF •
661 mg ges. FS) • P/S=1,4

Tip
Die Sauce paßt besonders gut zu Getreidebratlingen und Aufläufen.

Kalte Kräutersauce

Zubereitungszeit: ca. 5 Min.

Für 2 Personen

- 125 g Joghurt 1,5% Fett
- 2 EL saure Sahne
- 1 EL kaltgepreßtes Sonnenblumenöl
- etwas Zitronensaft
- ¼ Bund Kerbel oder andere Kräuter
- wenig Kräutersalz
- frisch gemahlener Pfeffer

1. Den Joghurt mit der sauren Sahne, dem Sonnenblumenöl und etwas Zitronensaft verrühren.
2. Den Kerbel waschen, trockentupfen, fein hacken und unter die Sauce ziehen. Mit wenig Kräutersalz und Pfeffer abschmecken.

ca. 98 kcal • 2,7 g E •
3,8 g KH • 0 g Bst. •
8,8 mg Chol. • 7,4 g F •
(2830 mg MUF • 1700 mg EUF •
1942 mg ges. FS) • P/S=1,5

Tip
Die Sauce paßt zu Getreidegerichten aller Art.

Preiselbeer-Orangen-Sauce

Zubereitungszeit: ca. ¼ Std.

Für 2 Personen

- 1 unbehandelte Orange
- 50 g Preiselbeeren
- 1 getrocknete Feige
- ½ TL abgeriebene Schale von einer unbehandelten Orange
- 1 TL Honig
- 2 Walnußkerne

1. Die Orange schälen und filetieren, den dabei austretenden Saft auffangen.
2. Die Preiselbeeren verlesen, waschen und zusammen mit dem Orangensaft und der fein gehackten Feige 2 Minuten kochen. Anschließend abkühlen lassen.
3. Die Orangenfilets unter die Sauce ziehen. Mit der Orangenschale und dem Honig abschmecken.
4. Die Sauce mit den grobgehackten Nüssen bestreuen.

ca. 100 kcal • 1,8 g E •
18,2 g KH • 3 g Bst. •
0 mg Chol. • 1,7 g F •
(1046 mg MUF • 297 mg EUF •
211 mg ges. FS) • P/S=5

Tip
Die Sauce paßt zu Süßspeisen und zu fruchtigen Getreideaufläufen.

Naturreis

Quellzeit: ca. 8 Std.
Zubereitungszeit: ca. 40 Min.

Für 2 Personen

100 g Naturreis
etwa 200 ml ungesalzene Gemüsebrühe (Rezept Seite 52) oder Wasser
1 kleine Zwiebel
½ Lorbeerblatt
1 Gewürznelke
wenig Meersalz
1 TL Distelöl

1. Den Naturreis zuerst mit kaltem, dann mit warmem Wasser waschen und in 200 Milliliter Gemüsebrühe oder im Wasser 8 Stunden quellen lassen.
2. Dann den Reis mit der Quellflüssigkeit zum Kochen bringen. Die Zwiebel schälen, das Lorbeerblatt mit Hilfe der Gewürznelke darauf feststecken und die Zwiebel zum Reis geben. Das Ganze zugedeckt bei geringer Hitzezufuhr 30 bis 40 Minuten köcheln lassen.
3. Ist der Reis nach dieser Zeit noch nicht weich, aber die Flüssigkeit aufgesogen, noch etwas heiße Brühe angießen.
4. Den Reis erst kurz vor dem Ende der Garzeit salzen. Dann auf der ausgeschalteten Herdplatte nachquellen lassen.
5. Die Zwiebel entfernen, den Reis mit einer Gabel vorsichtig auflockern und das Öl darübergeben.

ca. 209 kcal • 4 g E •
36,2 g KH • 2 g Bst. •
0 mg Chol. • 4,2 g F •
(2281 mg MUF • 698 mg EUF •
568 mg ges. FS) • P/S=4

Variationen

Curryreis
1 Teelöffel Currypulver unter den Reis mischen und mitgaren.

Kurkumareis
½ Teelöffel Kurkuma unter den Reis mischen und mitgaren.

Gemüsereis
100 Gramm Gemüsewürfelchen oder Gemüsestreifen nach 20 bis 30 Minuten Kochzeit unter den Reis geben und mitdünsten. Wer es gern etwas exotisch mag, kann nach Ende der Garzeit noch etwas frisch geriebenen Ingwer unter den Reis mischen.

Kräuterreis
Frische Kräuter wie Kerbel, Petersilie, Schnittlauch oder Estragon fein hacken und kurz vor dem Servieren unter den Reis heben.

Pilzreis
100 Gramm Champignons und 1 feingehackte Schalotte mit etwas feingehacktem Knoblauch in 1 Teelöffel Öl anbraten und unter den fertigen Reis mischen.

Tip
Wer gerne sein Gewicht reduzieren möchte, sollte nur 30 Gramm Reis als Beilage verzehren.

Gebackene Kartoffeln

Zubereitungszeit: ca. 40 Min.

Für 2 Personen

4 mittelgroße Kartoffeln (ca. 400 g)
wenig Kräutersalz
etwas Kümmel
frisch gemahlener Pfeffer
1 TL Pflanzenöl

1. Die Kartoffeln unter fließendem Wasser sehr gründlich abbürsten und trockenreiben. Den Backofen auf 200° C vorheizen.
2. Ein Backblech mit Backtrennpapier auslegen. Wenig Kräutersalz mit etwas Kümmel und Pfeffer mischen.
3. Die Kartoffeln der Länge nach halbieren, mit der Schnittfläche in die Gewürzmischung drücken und auf das Backblech setzen.
4. Die Oberfläche der Kartoffeln mit dem Öl einpinseln und mit der Gewürzmischung bestreuen.
5. Die Kartoffeln in den Ofen geben und je nach Größe der Kartoffeln 25 bis 35 Minuten backen.

ca. 180 kcal • 4,2 g E •
34 g KH • 4,6 g Bst. •
0 mg Chol. • 2,7 g F •
(1479 mg MUF • 500 mg EUF •
313 mg ges. FS) • P/S=4,7

Tip
Die Kartoffeln lassen sich auch in einer Pfanne zubereiten, nur darf die Hitzezufuhr nicht zu hoch sein. Übergewichtige, die ihr Gewicht reduzieren möchten, sollten nur eine Kartoffel (etwa 100 Gramm) als Beilage einplanen.

Folienkartoffeln

Zubereitungszeit: ca. 40 Min.

Für 2 Personen

4 mittelgroße Kartoffeln (ca. 400 g)
wenig Kräutersalz
frisch gemahlener Pfeffer

1. Die Kartoffeln unter fließendem Wasser gründlich abbürsten und trockenreiben. Den Backofen auf 200° C vorheizen.
2. Vier Stück Alufolie, die doppelt so groß sind wie die Kartoffeln, mit der matten Seite nach unten auf den Tisch legen. Die Kartoffeln mit wenig Kräutersalz und Pfeffer einreiben, auf die Folie setzen und diese zusammenfalten.
3. Die Kartoffelpäckchen auf ein Blech setzen und in den Ofen schieben. Je nach Größe der Kartoffeln mindestens 40 Minuten backen.

ca. 166 kcal • 4,2 g E •
34 g KH • 4,6 g Bst. •
0 mg Chol. • 0,2 g F •
(113 mg MUF • 4 mg EUF •
54 mg ges. FS) • P/S=2

Tip
Die Folienkartoffeln eignen sich sowohl als Beilage als auch als selbständiges Gericht mit etwas Kräuterquark. Folienkartoffeln, aber auch gebackene Kartoffeln lohnen sich vor allem dann, wenn Sie den Backofen ohnehin schon aufgeheizt haben.

Variation
Auf dieselbe Art kann man Gemüse, wie rote Bete oder Zwiebeln, in der Folie zubereiten.

HAUPTGERICHTE

Ein wichtiger Grundsatz einer modernen Ernährungsweise lautet: maximal ein bis zwei Fleischmahlzeiten pro Woche. Denn Fleisch liefert zwar wertvolles Eiweiß, aber auch viel Cholesterin (durchschnittlich etwa 80 Milligramm pro 100 Gramm Fleisch) und, je nach Sorte, auch eine Menge Fett. Eine Fleischportion von 150 Gramm ist in der Regel ausreichend; wer sein Gewicht reduzieren will, sollte allerdings nur 100 Gramm zu sich nehmen. Geben Sie in jedem Fall mageren Fleischsorten, wie Rind, Kalb, Lamm, Huhn und Pute, den Vorzug. Schneiden Sie sichtbare Fettanteile immer weg, und probieren Sie neue Zubereitungsmethoden aus, bei denen Sie Bratfett sparen können. Grillen Sie zum Beispiel größere Fleischstücke, oder benutzen Sie eine gute Edelstahl- oder Teflonpfanne, in der Sie nur wenig Fett benötigen. Beispiele finden Sie im folgenden Kapitel.

Fisch enthält in der Regel weniger Fett als eine vergleichbare Menge Fleisch, aber trotzdem Cholesterin. Doch ist Seefisch ein guter Jodlieferant, und eine Fischmahlzeit pro Woche sollte auf Ihrem Speisezettel stehen. Wählen Sie fettarme Sorten, wie Kabeljau oder Seelachs, und verzichten Sie auch hier auf fettreiche Zubereitungen, wie Panieren. Dünsten und dämpfen Sie das zarte Fischfleisch lieber mit vielen frischen Kräutern und mit aromareichem Gemüse. Fette Fischsorten sollten Sie meiden, ebenso wie Meeresfrüchte. Wildlachs und Makrelen jedoch enthalten die wertvollen Omega-3-Fettsäuren, die sich günstig auf erhöhte Blutfettwerte auswirken. Sie sollten also darauf nicht verzichten, doch planen Sie Mahlzeiten mit diesen Fischarten in Ihrem Kalorienbudget ein.

Im Gegensatz zu tierischen Lebensmitteln enthalten pflanzliche kein Cholesterin und, sieht man von einigen fettreichen Früchten sowie den Nüssen und Samen ab, auch wenig Fett. Pflanzliche Lebensmittel sind aber ballaststoffreich, wirken sich also zusätzlich positiv auf den Fettstoffwechsel aus, und liefern viele Vitamine und Mineralstoffe. Gute Gründe, um sie täglich zu essen.

Gemüse, Getreide und Hülsenfrüchte sind die Basis einer vorwiegend pflanzlichen Ernährung, hinzu kommen Milch, Milchprodukte und Käse – bevorzugen Sie hier die fettarmen Sorten, denn sonst erhöhen Sie unnötig den Kalorien- und den Cholesteringehalt der Speisen. Eigelbe sind auch bei der Zubereitung vegetarischer Gerichte nicht unbedingt vonnöten. Wie Sie bei den folgenden Rezepten sehen werden, reicht in einigen wenigen Fällen ein Eiweiß zum Binden völlig aus.

Gewürzt wird vor allem mit vielen frischen Kräutern und Gewürzen, Salz sollten Sie nur sehr sehr sparsam verwenden.

Fünfkorngrütze mit Gemüsevariationen und Currysauce

Zubereitungszeit: ca. ½ Std.

Für 2 Personen

Für die Grütze:
150 ml Gemüsebrühe
(Rezept Seite 52)
60 g grob geschrotete Fünfkorngetreidemischung
Currypulver
frisch gemahlener Pfeffer
wenig Meersalz

Für die Sauce:
125 g Joghurt 1,5% Fett
1 EL Hirsemehl
wenig Kräutersalz

Für das Gemüse:
1 mittelgroße Möhre
3 Frühlingszwiebeln
1 TL Diätmargarine
100 g Blumenkohlröschen
etwa ⅛ l Gemüsebrühe
(Rezept Seite 52)
frisch geriebene
Muskatnuß
frisch gehackter Kerbel

1. Für die Grütze die Gemüsebrühe aufkochen, das Getreideschrot unter Rühren hineinstreuen und bei geringer Hitzezufuhr 10 Minuten köcheln lassen.
2. Dann mit Currypulver, Pfeffer und wenig Meersalz würzen und auf der ausgeschalteten Herdplatte noch weitere 10 Minuten nachquellen lassen.
3. Inzwischen für die Sauce den Joghurt, das Hirsemehl, Currypulver, Pfeffer und wenig Kräutersalz verrühren und quellen lassen.
4. Nun die geputzte Möhre in ganz dünne Scheiben schneiden und die geputzten Frühlingszwiebeln längs halbieren und in Stücke schneiden.
5. Die Möhrenscheiben in der mäßig heißen Diätmargarine andünsten. Die Blumenkohlröschen und die Gemüsebrühe dazugeben. Das Gemüse 10 Minuten dünsten. Nach der Hälfte der Garzeit die Zwiebeln hinzufügen.
6. Das Gemüse mit wenig Kräutersalz, Pfeffer und Muskatnuß würzen.
7. Die Sauce vorsichtig erwärmen und auf zwei angewärmte Teller geben. Darauf mit einem Löffel die Grütze setzen und mit dem Gemüse umlegen. Alles mit Kerbel garnieren.

ca. 216 kcal • 7,8 g E • 32,4 g KH • 6,2 g Bst. • 3,3 mg Chol. • 4,6 g F •
(1645 mg MUF • 1038 mg EUF • 1207 mg ges. FS) • P/S=1,4

Haferauflauf mit Senfsauce

Zubereitungszeit: 1 Std.

Für 2 Personen

Für den Auflauf:
- 1 kleine Zwiebel
- 1 mittelgroße Möhre
- 100 g Knollensellerie
- 1 TL Diätmargarine
- 60 g Nackthafer
- 1/8 l ungesalzene Gemüsebrühe (Rezept Seite 52)
- frisch gehackter Thymian
- frisch geriebene Muskatnuß
- frisch gemahlener Pfeffer
- wenig Meersalz
- 3 EL saure Sahne
- 20 g frisch gequetschter Nackthafer oder Haferflocken

Für die Senfsauce:
- 1 Knoblauchzehe
- je 1 EL süßer, mittelscharfer und scharfer Senf
- 60 ml Gemüsebrühe (Rezept Seite 52)
- 3 EL saure Sahne
- wenig Kräutersalz
- frisch gemahlener weißer Pfeffer

1. Die Zwiebel schälen, die Möhren unter fließendem Wasser gründlich abbürsten und beides fein würfeln, ebenso den Sellerie.

2. Das Gemüse in der mäßig heißen Margarine andünsten, anschließend auf einen Teller geben.

3. Den Hafer zuerst mit kaltem, dann mit warmem Wasser abwaschen und mit der Gemüsebrühe zum Kochen bringen. Dann bei geringer Hitzezufuhr 20 bis 30 Minuten köcheln lassen. Den Backofen auf 200° C vorheizen.

4. Die Getreidemasse mit Thymian, Muskatnuß, Pfeffer und wenig Meersalz pikant abschmecken und 10 Minuten auf der ausgeschalteten Herdplatte nachquellen lassen.

5. Die saure Sahne und das Gemüse unter das Getreide heben, nochmals abschmekken und in eine mit Margarine ausgefettete Auflaufform füllen. 15 Minuten im Backofen backen.

6. Den Auflauf mit dem gequetschten Hafer oder mit den Haferflocken bestreuen und die restliche Margarine in Flocken darauf setzen. Das Gericht noch weitere 10 Minuten backen.

7. Für die Senfsauce die Knoblauchzehe schälen und mit wenig Meersalz ganz fein zerdrücken. Den Senf und die Gemüsebrühe etwas einkochen lassen.

8. Die saure Sahne dazugeben und die Sauce mit wenig Kräutersalz und Pfeffer würzen. Die Senfsauce zum Haferauflauf reichen.

ca. 284 kcal • 9,7 g E • 34 g KH • 6,5 g Bst. • 14,8 mg Chol. • 10,6 g F • (3415 mg MUF • 3074 mg EUF • 3489 mg ges. FS) • P/S=1

Getreideauflauf mit Mais

Zubereitungszeit: ca. 1 Std.

Für 2 Personen

- 60 g grobes Weizenschrot
- 150 ml Gemüsebrühe (Rezept Seite 52)
- 2 Schalotten
- 1 kleine Knoblauchzehe
- 50 g Lauch
- 1 TL Pflanzenöl
- 20 g Magerquark
- 1 TL Tomatenmark
- 70 g frische oder tiefgekühlte Maiskörner
- wenig Meersalz
- frisch gemahlener Pfeffer
- frisch gezupftes Oregano
- frisch gehackter Thymian
- etwas edelsüßer Paprika
- 1 Eiweiß
- 1 TL Diätmargarine zum Ausfetten

1. Das Weizenschrot in die erwärmte Gemüsebrühe streuen, aufkochen und bei geringer Hitzezufuhr 10 Minuten köcheln lassen.
2. Dann auf der ausgeschalteten Herdplatte 10 Minuten nachquellen lassen.
3. Inzwischen die Schalotten und die Knoblauchzehe schälen und beides fein hakken. Den Lauch fein würfeln.
4. Die Schalotten, den Knoblauch und den Lauch im mäßig heißen Öl glasig dünsten. Den Backofen auf 180° C vorheizen.
5. Den Quark mit dem Tomatenmark verrühren und zusammen mit dem etwas abgekühlten Gemüse und dem Mais unter das Getreide mischen. Die Masse wenig salzen, pfeffern und kräftig mit Oregano, Thymian und Paprikapulver abschmecken.
6. Das Eiweiß mit wenig Meersalz zu sehr steifem Schnee schlagen und locker unter die Getreidemasse heben.
7. Die Masse in eine mit der Margarine ausgefettete Auflaufform füllen und im Ofen etwa ½ Stunde backen.

ca. 218 kcal • 8,6 g E • 29,6 g KH • 5,4 g Bst. • 0,1 mg Chol. • 6 g F • (3082 mg MUF • 1204 mg EUF • 974 mg ges. FS) • P/S=3,2

Tip
Dazu passen Paprikasauce (Rezept Seite 63) und ein Frischkostteller.

Roggenrisotto

Quellzeit des Roggens: ca. 8 Std.
Zubereitungszeit: ca. 1¼ Std.

Für 2 Personen

- 80 g Roggen
- ¼ l ungesalzene Gemüsebrühe (Rezept Seite 52)
- etwas Suppengrün
- frisch gehackter Thymian
- wenig Meersalz
- frisch gemahlener Pfeffer
- 1 kleine Zwiebel
- 1 kleine Knoblauchzehe
- 150 g Austernpilze
- 1 TL Diätmargarine
- wenig Kräutersalz
- 20 g geriebener Gouda 30% Fett i. Tr.
- etwas abgeriebene Schale einer unbehandelten Zitrone

1. Den Roggen zuerst mit kaltem, dann mit warmem Wasser waschen und etwa 8 Stunden, am besten über Nacht, in etwa der doppelten Menge Wasser quellen lassen.
2. Dann mit dem Suppengrün in der Gemüsebrühe zum Kochen bringen und bei geringer Hitzezufuhr etwa 1 Stunde garen. Wenn die Körner zu platzen beginnen, mit Thymian, wenig Meersalz und Pfeffer würzen. Auf der ausgeschalteten Herdplatte noch etwas nachquellen lassen.
3. Die Zwiebel und die Knoblauchzehe schälen und beides fein hacken. Die Austernpilze vierteln.
4. Die Zwiebel und den Knoblauch in der mäßig heißen Margarine andünsten. Die Pilze dazugeben und 5 Minuten mitdünsten. Mit wenig Kräutersalz und Pfeffer würzen und alles unter den Roggen mischen.
5. Den Käse mit der Zitronenschale mischen und das Gericht damit bestreuen.

ca. 228 kcal • 8,5 g E • 35,3 g KH • 8 g Bst. • 3,7 mg Chol. • 4,6 g F • (1402 mg MUF • 1013 mg EUF • 1517 mg ges. FS) • P/S=0,9

Gemüselasagne

Zubereitungszeit: ca. 40 Min.

Für 2 Personen

60 g Vollkornnudelplatten für Lasagne ohne Ei
eventuell Gemüsebrühe zum Kochen der Nudeln (Rezept Seite 52)
1 Aubergine
etwas Zitronensaft
wenig Kräutersalz
1 Knoblauchzehe
wenig Meersalz
1 TL Olivenöl
3 Tomaten
2 TL Tomatenmark
20 g Hirsemehl
1 kleine Zwiebel
100 g Champignons
150 g Zucchino
1 TL Pflanzenöl
frisch gehackter Thymian
frisch gehacktes Basilikum
frisch gemahlener Pfeffer
1 TL Diätmargarine
20 g geriebener Gouda 30% Fett i. Tr.

1. Die Nudelplatten in kochender Gemüsebrühe oder ganz schwach gesalzenem Wasser etwa 10 Minuten garen. Sie sollten noch bißfest sein. Dann mit kaltem Wasser abschrecken.
2. In der Zwischenzeit die Aubergine waschen und in dünne Scheiben schneiden. Mit etwas Zitronensaft beträufeln, mit wenig Kräutersalz bestreuen und 10 Minuten ziehen lassen. Den Backofen auf 225°C vorheizen.
3. Die Knoblauchzehe schälen, mit wenig Meersalz zerreiben und mit dem Olivenöl mischen. Die Auberginenscheiben mit der Knoblauch-Öl-Paste bestreichen und im heißen Ofen etwa 5 Minuten backen.
4. Die Tomaten waschen, vom Stielansatz befreien und pürieren. Mit dem Tomatenmark aufkochen und die Sauce mit der Hälfte des Hirsemehls binden. Dazu das Mehl mit wenig Wasser verrühren, zu den Tomaten geben und die Sauce kurz aufkochen lassen.
5. Die Zwiebel schälen und fein würfeln. Die Champignons in Scheiben schneiden. Den Zucchino grob raspeln.
6. Die Zwiebelwürfel im mäßig heißen Öl dünsten. Dann die Champignons und den Zucchino dazugeben und bißfest dünsten. Das Gemüse mit dem restlichen Hirsemehl binden und pikant mit den gehackten Kräutern und etwas Pfeffer abschmecken.
7. Das Gemüse abwechselnd mit der Tomatensauce und den Nudelplatten in eine ausgefettete Auflaufform schichten. Den Käse daraufstreuen und die Lasagne im Backofen etwa 20 Minuten backen.

ca. 270 kcal • 11 g E •
31,2 g KH • 7,3 g Bst. •
24 mg Chol. • 9,7 g F •
(3064 mg MUF • 3163 mg EUF •
2265 mg ges. FS) • P/S=1,4

Variation
Anstelle der Lasagneblätter können Sie auch anders geformte Vollkornteigwaren verwenden.

Vollkornnudeln mit Tomatensauce

Zubereitungszeit: ca. 1/4 Std.

Für 2 Personen

150 g Vollkornnudeln ohne Ei
wenig Meersalz
2 Schalotten
1 kleine Knoblauchzehe
2 TL Diätmargarine
4 Tomaten
1 TL Tomatenmark
frisch gehacktes Basilikum
frisch gezupfter Oregano
wenig Kräutersalz
frisch gemahlener Pfeffer

1. Die Vollkornnudeln in wenig gesalzenem, sprudelnd kochendem Wasser bißfest kochen.
2. In der Zwischenzeit die Schalotten und die Knoblauchzehe schälen. Beides fein hacken und in der mäßig heißen Margarine glasig dünsten.
3. Die Tomaten waschen, vom Stielansatz befreien, vierteln, mit dem Tomatenmark zu den Schalotten geben und mitdünsten.
4. Die Sauce pürieren, mit den Kräutern, mit wenig Kräutersalz und Pfeffer abschmecken und etwas einkochen lassen.
5. Die Nudeln abschütten und mit der Tomatensauce mischen.

ca. 332 kcal • 11,2 g E •
51,5 g KH • 8,7 g Bst. •
51 mg Chol. • 7 g F •
(3051 mg MUF • 1397 mg EUF •
1510 mg ges. FS) • P/S=2

Variation
Zu Vollkornnudeln paßt statt der Tomatensauce sehr gut eine Paprika- (Rezept Seite 63) oder eine Kräutersauce (Rezept Seite 62).

Gefüllte Champignonköpfe mit Buchweizen

Zubereitungszeit: ca. 40 Min.

Für 2 Personen

60 g Buchweizengrütze
1/8 l Gemüsebrühe (Rezept Seite 52)
6–8 große Champignons (ca. 300 g)
1 mittelgroße Möhre
1 kleine Zwiebel
1 TL Sonnenblumenöl
wenig Meersalz
frisch gemahlener Pfeffer
wenig Kräutersalz
30 g körniger Frischkäse
1 EL frisch gehackte Petersilie
etwas Gemüsebrühe (Rezept Seite 52) zum Dünsten
1 EL geriebener Emmentaler 30% Fett i. Tr.

1. Die Buchweizengrütze zuerst mit kaltem, dann mit warmem Wasser waschen. Ohne Fettzugabe in einer Pfanne darren, das heißt, die Grütze wird so lange getrocknet, bis sie leicht nussig duftet. Die Gemüsebrühe angießen, aufkochen lassen und die Buchweizengrütze bei geringer Hitzezufuhr 10 Minuten köcheln lassen.
2. Dann auf der ausgeschalteten Herdplatte noch weitere 10 Minuten nachquellen lassen.
3. Von den gewaschenen Champignons die Stiele herausdrehen und fein würfeln. Die Möhre und die Zwiebel schälen und ebenfalls fein würfeln.
4. Die Möhren-, die Zwiebel- und die Champignonwürfel in dem mäßig heißen Öl glasig dünsten. Dann mit wenig Meersalz würzen und pfeffern.
5. Die Champignonköpfe mit wenig Kräutersalz würzen und in eine feuerfeste Form setzen. Den Backofen auf 200° C vorheizen.
6. Das Gemüse mit dem Frischkäse, der Petersilie und der Buchweizenmasse mischen. Nochmals kräftig abschmecken und in die Champignonköpfe füllen.
7. Soviel Gemüsebrühe angießen, daß der Boden der Form 1/2 bis 1 Zentimeter hoch bedeckt ist und die gefüllten Champignons etwa 25 Minuten backen.
8. Kurz vor dem Ende der Garzeit den Emmentaler darauf streuen und die Champignonköpfe überbacken.

ca. 213 kcal • 10 g E •
28 g KH • 6 g Bst. •
4 mg Chol. • 5,3 g F •
(2029 mg MUF • 1201 mg EUF •
1384 mg ges. FS) • P/S=1,5

Tip
Dazu passen ein großer Frischkostteller und eine Kräutersauce (siehe Rezept Seite 62).

Gemüsepuffer mit Feldsalat und Radieschen

Keimzeit der Mungobohnen: ca. 3–4 Tage
Zubereitungszeit: ca. ½ Std.

Für 2 Personen

Für die Gemüsepuffer:

- 60 g Magerquark
- 20 g Hirsemehl oder Hirseflocken
- 1 kleine Zwiebel
- 1 kleine Knoblauchzehe
- 1 mittelgroße Möhre
- 100 g Mungobohnenkeimlinge (aus ca. 20 g Samen, siehe auch Seite 126)
- 1 TL Diätmargarine
- wenig Kräutersalz
- frisch gemahlener Pfeffer
- frisch gehackter Dill
- 1 Eiweiß
- wenig Meersalz

Für den Salat:

- etwas Obstessig
- 1 Msp. Senf
- 1 EL kaltgepreßtes Sonnenblumenöl
- 100 g Feldsalat
- 100 g Radieschen oder Rettich
- 1 EL Schnittlauchröllchen

Außerdem:

- Pflanzenöl zum Ausbacken

1. Den Quark mit dem Hirsemehl oder den Hirseflocken verrühren und quellen lassen.
2. In der Zwischenzeit die Zwiebel und die Knoblauchzehe schälen und beides fein hacken. Die Möhre schälen und grob raspeln, die Mungobohnenkeimlinge blanchieren.
3. Die Zwiebel, den Knoblauch und die Möhre in der mäßig heißen Margarine andünsten und abkühlen lassen. Dann mit den Mungobohnensprossen unter die Quarkmischung heben und mit etwas Kräutersalz, Pfeffer und Dill abschmecken.
4. Das Eiweiß mit wenig Salz zu sehr steifem Schnee schlagen und unter die Bratlingsmasse heben.
5. Für den Salat wenig Kräutersalz unter ständigem Rühren in etwas Obstessig auflösen. Dann den Senf und das Öl darunterrühren.
6. Den Feldsalat putzen, waschen und trockenschleudern. Die Radieschen oder den Rettich in Scheiben schneiden und mit dem Feldsalat unter die Sauce mischen.
7. Die Frischkost mit den Schnittlauchröllchen bestreuen.
8. Aus der Bratlingsmasse acht kleine Puffer formen und in wenig heißem Öl von jeder Seite 2 Minuten braten. Die Puffer mit dem Salat servieren.

ca. 248 kcal • 10 g E • 16 g KH • 4,5 g Bst. • 0,2 mg Chol. • 14,5 g F • (7604 mg MUF • 2771 mg EUF • 1845 mg ges. FS) • P/S=4,1

Sellerie-Nuß-Küchlein

Zubereitungszeit: ca. 40 Min.

Für 2 Personen

2 Schalotten
1 TL Diätmargarine
60 g grobes Weizenvollkornschrot
⅛ l Gemüsebrühe (Rezept Seite 52)
Currypulver, Koriander
100 g Knollensellerie
1 Apfel
10 Haselnüsse
1 Eiweiß
1 TL Hefeflocken
frisch gemahlener Pfeffer
wenig Meersalz
1 TL Pflanzenöl

1. Die Schalotten schälen, fein würfeln und in der mäßig heißen Diätmargarine andünsten. Das Schrot dazugeben und anschwitzen.
2. Die Gemüsebrühe angießen, aufkochen lassen und das Schrot bei geringer Hitzezufuhr etwa 10 Minuten köcheln lassen.
3. Dann mit etwas Currypulver und Koriander würzen und auf der ausgeschalteten Herdplatte etwa 10 Minuten nachquellen lassen.
4. Inzwischen den Sellerie fein und den gewaschenen Apfel grob raspeln. Die Nüsse grob hacken.
5. Das Eiweiß, den Sellerie und die Nüsse unter die etwas abgekühlte Getreidemasse mischen und mit den Hefeflocken, Pfeffer und Meersalz abschmecken.
6. Aus der Getreidemasse sechs kleine Küchlein formen und sie im heißen Öl auf beiden Seiten braten.

ca. 208 kcal • 7 g E • 27,6 g KH • 6,4 g Bst. • 0 mg Chol. • 6,4 g F • (3026 mg MUF • 1554 mg EUF • 983 mg ges. FS) • P/S=3

Dinkel-Mais-Küchlein

Zubereitungszeit: ca. 40 Min.

Für 2 Personen

- 60 g grobes Dinkelschrot
- 1/8 l Gemüsebrühe (Rezept Seite 52)
- frisch gemahlener Koriander
- frisch gehackter Thymian
- wenig Meersalz
- 1 kleine Zwiebel
- 1 TL Diätmargarine
- 70 g frische oder tiefgekühlte Maiskörner
- wenig Kräutersalz
- frisch gemahlener Pfeffer
- 50 g Magerquark
- 1 Eiweiß
- 1 TL Pflanzenöl

1. Das Dinkelschrot ohne Fettzugabe in einem heißen Topf erhitzen, bis es leicht nussig duftet. Dann die kalte Gemüsebrühe angießen, aufkochen und das Dinkelschrot bei geringer Hitzezufuhr etwa 10 Minuten köcheln lassen.
2. Mit Koriander, Thymian und wenig Meersalz würzen und auf der ausgeschalteten Herdplatte noch weitere 10 Minuten quellen lassen.
3. Die Zwiebel schälen, ganz fein hacken und in der mäßig heißen Margarine mit dem Mais andünsten.
4. Das etwas abgekühlte Getreide mit der Zwiebel-Mais-Masse und dem Quark mischen und mit wenig Kräutersalz und Pfeffer abschmecken.
5. Das Eiweiß mit wenig Salz zu sehr steifem Schnee schlagen und locker unter die Bratlingsmasse heben.
6. Vier kleine Bratlinge formen und im mäßig heißen Öl auf beiden Seiten leicht bräunen.

ca. 213 kcal • 9,7 g E • 27 g KH • 5,4 g Bst. • 0,2 mg Chol. • 6 g F • (3005 mg MUF • 1188 mg EUF • 968 mg ges. FS) • P/S=3,1

Tip
Dazu paßt sehr gut eine Paprikasauce (siehe Rezept Seite 63).

Kartoffel-Kohlrabi-Gratin

Zubereitungszeit: ca. 50 Min.

Für 2 Personen

400 g Kartoffeln
300 g Kohlrabi
1 TL Diätmargarine zum Ausfetten
wenig Kräutersalz
frisch gemahlener Pfeffer
150 g Joghurt 1,5% Fett
20 g geriebener Gouda 30% Fett i. Tr.
1 EL Leinsamen

1. Den Backofen auf 200° C vorheizen. Die Kartoffeln und die Kohlrabi in ganz dünne Scheiben schneiden.
2. Dann beides abwechselnd in eine flache, ausgefettete Auflaufform schichten, dabei jede Lage würzen.
3. Den Joghurt über das Gratin geben und es 35 bis 40 Minuten backen.
4. Kurz vor dem Ende der Garzeit den Käse und den Leinsamen darüberstreuen.

ca. 300 kcal • 12,7 g E • 43 g KH • 6,5 g Bst. • 7,6 mg Chol. • 6,6 g F • (2119 mg MUF • 1352 mg EUF • 2119 mg ges. FS) • P/S=1

Tip
Dazu paßt ein bunter Salatteller.

Gefüllter Zucchino

Zubereitungszeit: ca. 50 Min.

Für 2 Personen

1 Zucchino (ca. 300 g)
Gemüsebrühe (Rezept Seite 52) zum Blanchieren und Dünsten
2 Kartoffeln
1 kleine Zwiebel
1 TL Pflanzenöl
100 g Sauerkraut
1 Tomate
1 EL Kürbiskerne
3 EL saure Sahne
wenig Kräutersalz
frisch gemahlener Pfeffer
1 EL Schnittlauchröllchen

1. Den Zucchino halbieren, etwa 5 Minuten in kochender Gemüsebrühe oder leicht gesalzenem Wasser blanchieren und anschließend mit kaltem Wasser abschrecken. Mit einem Kaffeelöffel das Fruchtfleisch herauslösen und sehr fein würfeln.
2. Die Kartoffeln schälen und in kleine Würfel schneiden. Die Zwiebel schälen und ebenfalls fein würfeln. Im heißen Öl die Kartoffeln und die Zwiebelwürfel anbraten. Das Sauerkraut dazugeben und alles zugedeckt etwa 5 Minuten dünsten. Den Backofen auf 200° C vorheizen.
3. Die Tomate waschen, vom Stielansatz befreien und fein würfeln. Mit den Kürbiskernen, dem Zucchinofleisch und der sauren Sahne unter die Sauerkraut-Kartoffel-Masse mischen und diese mit wenig Kräutersalz und etwas Pfeffer mild abschmecken.
4. Die Zucchinohälften in eine feuerfeste Form setzen und mit wenig Kräutersalz würzen. Die Sauerkrautmasse in die Zucchinohälften füllen.
5. Soviel Gemüsebrühe angießen, daß der Boden der Form ½ bis 1 Zentimeter hoch bedeckt ist und den Zucchino etwa 30 Minuten backen. Anschließend mit Schnittlauch bestreuen.

ca. 200 kcal • 6,4 g E • 20,4 g KH • 5,2 g Bst. • 7,4 mg Chol. • 8,8 g F • (3552 mg MUF • 1911 mg EUF • 2445 mg ges. FS) • P/S=1,5

Berglinsen mit Auberginen und Mais

Zubereitungszeit: ca. 50 Min.

Für 2 Personen

75 g rote Berglinsen
150 ml ungesalzene Gemüsebrühe (Rezept Seite 52)
etwas Suppengrün
70 g frische oder tiefgekühlte Maiskörner
wenig Meersalz
frisch gemahlener Pfeffer
100 g Aubergine
etwas Zitronensaft
wenig Kräutersalz
1 kleine Zwiebel
50 g grüne Paprikaschote
1 TL Pflanzenöl
1 TL Diätmargarine zum Ausfetten
1 Tomate
20 g geriebener Gouda 30% Fett i. Tr.

1. Die gewaschenen Linsen mit der Gemüsebrühe und dem Suppengrün 20 Minuten kochen. Den dabei entstehenden Schaum mit einer Schaumkelle entfernen.
2. Nach etwa 15 Minuten Garzeit den Mais zu den Linsen geben und mit wenig Meersalz und Pfeffer würzen.
3. Die Aubergine in Scheiben schneiden. Mit Zitronensaft beträufeln, mit wenig Kräutersalz bestreuen und 10 Minuten ziehen lassen.
4. Die Zwiebel schälen und fein würfeln. Den Paprika in kleine Würfel schneiden. Den Backofen auf 200 °C vorheizen.
5. Die Auberginenscheiben im mäßig heißen Öl von beiden Seiten anbräunen, herausnehmen und im selben Öl die Zwiebel und die Paprikawürfel glasig dünsten.
6. Die Linsen in eine ausgefettete, feuerfeste Form geben. Das Paprikagemüse darübergeben. Die Auberginenscheiben und die gewaschene, in Scheiben geschnittene Tomate darauf verteilen.
7. Das Gericht etwa 20 Minuten backen. Dann den Käse darauf streuen und alles nochmals 5 Minuten überbacken.

ca. 262 kcal • 14 g E • 30 g KH • 8 g Bst. • 3,7 mg Chol. • 7,7 g F • (3129 mg MUF • 1701 mg EUF • 1936 mg ges. FS) • P/S=1,6

Tip
Dazu paßt ein Blattsalat.

Tofu in Currygemüse

Zubereitungszeit: ca. 20 Min.

Für 2 Personen

- 1–2 EL Sojasauce
- etwas Zitronensaft
- wenig Meersalz
- 200 g Tofu
- 1 kleine Zwiebel
- 1 mittelgroße Möhre
- 100 g Lauch
- ½ Apfel
- 1 EL Sesamöl
- ⅛ l fettarme Milch
- Currypulver
- frisch geriebener Ingwer
- frisch gemahlener Pfeffer
- 2 TL saure Sahne
- 1 EL frisch gehackte Petersilie

1. Aus der Sojasauce, dem Zitronensaft und wenig Meersalz eine Marinade rühren.

2. Den Tofu würfeln und mindestens ¼ Stunde in der Marinade ziehen lassen.

3. In der Zwischenzeit die Zwiebel schälen und fein würfeln. Das geputzte Gemüse und den Apfel in feine Streifen schneiden.

4. In einem Teil des mäßig erhitzten Sesamöls die Zwiebelwürfel andünsten. Dann die Möhren dazugeben und kurz mitdünsten. Die Milch angießen und aufkochen lassen. Nun den Lauch und den Apfel hinzugeben und das Ganze bißfest garen.

5. Die Gemüsesauce kräftig mit Currypulver und Ingwer, aber sparsam mit Meersalz und Pfeffer würzen.

6. Den Tofu abtropfen lassen und im restlichen Sesamöl so lange braten, bis der Tofu fest ist.

7. Die saure Sahne unter das Gemüse ziehen und die Sauce auf zwei Teller anrichten. Die Tofuwürfel darauf verteilen und mit der Petersilie bestreuen.

ca. 225 kcal • 15,5 g E • 11,3 g KH • 5 g Bst. • 5,2 mg Chol. • 12,4 g F • (5264 mg MUF • 3183 mg EUF • 2298 mg ges. FS) • P/S=2,3

Tip

Dazu paßt Naturreis (Rezept Seite 67) oder Pellkartoffeln.

Tofu-Gemüse-Medaillons

Quellzeit: ca. ½Std.
Zubereitungszeit: ca. 35 Min.

Für 2 Personen

200 g Tofu
1 kleine Möhre
50 g Knollensellerie
50 g Chamignons
2 Schalotten
wenig Kräutersalz
frisch gemahlener Pfeffer
Currypulver
40 g feines Hafermehl
frisch gehackte Petersilie
1 TL Pflanzenöl

1. Den Tofu in einem Tuch auspressen und anschließend auf der Gemüsereibe fein reiben.

2. Die geschälte Möhre und den Sellerie ebenfalls fein reiben.

3. Die geputzten Champignons und die geschälten Schalotten fein hacken und das Gemüse unter den Tofu mischen.

4. Die Masse mit wenig Kräutersalz, aber kräftig mit Pfeffer und Currypulver abschmecken. Das Hafermehl darunterziehen und die Getreidemasse mindestens ½ Stunde quellen lassen.

5. Die Petersilie unter die Tofumasse mischen, vier Bratlinge formen und sie im mäßig heißen Öl in einer beschichteten Pfanne von beiden Seiten 2 Minuten braten.

ca. 220 kcal • 14,7 g E •
18 g KH • 3,8 g Bst. •
0 mg Chol. • 9,4 g F •
(5236 mg MUF • 1381 mg EUF •
1237 mg ges. FS) • P/S=4,2

Tip

Sollte die Masse nach dem Quellen noch zu weich sein, geben Sie noch etwas Hafermehl oder Hirseflocken dazu.

Zu diesem Gericht passen eine Currysauce (Rezept Seite 64) und Naturreis (Rezept Seite 67).

Bohnenküchlein

Zubereitungszeit: ca. 35 Min.

Für 2 Personen

- 100 g gekochte weiße Bohnen (aus ca. 40 g Kernen, siehe auch Seite 126)
- 2 gekochte Pellkartoffeln vom Vortag
- 1 Eiweiß
- 20 g geriebener Gouda 30% Fett i. Tr.
- 1 EL frisch gehackte Petersilie
- 1–2 EL Vollkornweizengrieß
- etwas gerebelter Majoran
- frisch geriebene Muskatnuß
- wenig Meersalz
- frisch gemahlener Pfeffer
- 1 TL Pflanzenöl

1. Die gekochten Bohnen gut abtropfen lassen, die Kartoffeln pellen und beides durch die grobe Scheibe des Fleischwolfs drehen.
2. Das Eiweiß, den Käse, die Petersilie und den Vollkorngrieß unter die Bohnen-Kartoffel-Masse kneten und kräftig mit Majoran, Muskatnuß, wenig Meersalz und Pfeffer würzen.
3. Aus der Masse vier Küchlein formen und sie im mäßig heißen Öl in einer beschichteten Pfanne von beiden Seiten 3 bis 4 Minuten braten.

ca. 308 kcal • 17,5 g E • 43,5 g KH • 13,6 g Bst. • 3,7 mg Chol. • 5 g F • (1983 mg MUF • 1011 mg EUF • 1273 mg ges. FS) • P/S=1,6

Tip
Zu den Küchlein paßt sehr gut eine Paprikasauce (Rezept Seite 63). Geben Sie zuerst nur 1 Eßlöffel Grieß unter die Masse; sollte der Teig noch zu weich sein, können Sie je nach Bedarf noch etwas Grieß dazukneten.

Adzukibohnen-cassoulet mit Tofu

Quellzeit der Adzukibohnen: ca. 3 Std.
Zubereitungszeit: ca. 1 Std.

2 Personen

- 100 g Adzukibohnen
- 400 ml ungesalzene Gemüsebrühe (Rezept Seite 52)
- 1 kleine Zwiebel
- 1 Knoblauchzehe
- wenig Meersalz
- 1 TL Diätmargarine
- 1 mittelgroße Möhre
- 100 g Lauch
- 100 g Tofu
- 1 TL Sesamöl
- frisch gemahlener Pfeffer
- frisch gehacktes Basilikum
- frisch gehackter Thymian
- Gemüsebrühe (Rezept Seite 52) zum Garen
- 1 EL Sojasauce
- einige Tropfen Obstessig

1. Die Adzukibohnen mindestens 3 Stunden in der heißen Gemüsebrühe quellen lassen. Noch besser ist es, die Bohnen über Nacht einzuweichen, dadurch verringert sich die Kochzeit. Danach die Adzukibohnen abseihen.
2. Die Zwiebel und die Knoblauchzehe schälen. Die Zwiebel fein hacken. Die Knoblauchzehe mit wenig Meersalz zerdrücken.
3. Die Diätmargarine in einer feuerfesten Form erhitzen. Die Zwiebel mit dem Knoblauch und den abgeschütteten Bohnen darin andünsten.
4. Die geschälte Möhre, den Lauch und den Tofu fein würfeln.
5. Den Tofu im heißen Sesamöl so lange erhitzen, bis er fest ist.
6. Das Gemüse und den Tofu mit der Bohnen-Zwiebel-Masse in die Auflaufform schichten. Dabei jede Lage wenig salzen, pfeffern und mit Basilikum und Thymian bestreuen.
7. Zum Schluß alles mit der Sojasauce beträufeln. Dann soviel Gemüsebrühe angießen, daß alle Zutaten gerade bedeckt sind.
8. Das Cassoulet auf dem Herd aufkochen. Dann im Ofen so lange garen, bis die Bohnen aufgequollen sind und das Gemüse gar ist. Dies dauert etwa 40 Minuten.
9. Vor dem Servieren das Cassoulet eventuell nachwürzen und mit etwas Obstessig säuern.

ca. 266 kcal • 18,2 g E •
28 g KH • 15,2 g Bst. •
0 mg Chol. • 7,7 g F •
(3650 mg MUF • 1803 mg EUF •
1025 mg ges. FS) • P/S=3,6

Lammfilet mit Mangold

Marinierzeit: ca. 3 Std.
Zubereitungszeit: ca. 1/4 Std.

Für 2 Personen

2 EL trockener Rotwein	
Saft von 1/2 Zitrone	
2 TL Pflanzenöl	
1/4 Bund Basilikum	
1 Zweig Rosmarin	
150 g Lammrückenfilet	
300 g Mangold	
wenig Meersalz	
1 kleine rote Zwiebel	
2 Knoblauchzehen	
1 TL Diätmargarine	
frisch gemahlener Pfeffer	

1. Den Rotwein mit dem Zitronensaft und 1 Teelöffel Öl mischen. Die Basilikumblätter grob hacken und mit dem Rosmarin in die Marinade geben.
2. Das Lammfleisch häuten und mindestens 3 Stunden in der Marinade ziehen lassen.
3. Vom Mangold die Blätter abschneiden und grob hakken. Die Stiele 4 Minuten in kochendem Salzwasser blanchieren. Im kalten Wasser abschrecken und in feine Streifen schneiden.
4. Die Zwiebel und die Knoblauchzehen schälen. Die Zwiebel achteln und die Knoblauchzehen zerdrükken. Beides in der mäßig heißen Margarine glasig dünsten.
5. Die Mangoldstreifen hinzufügen und 5 Minuten mitdünsten. Nun die Mangoldblätter dazugeben, mit wenig Meersalz und Pfeffer würzen und das Gemüse bißfest dünsten.
6. Inzwischen das Lammfleisch trockentupfen. Mit wenig Meersalz und Pfeffer würzen und im restlichen Öl 5 Minuten braten. Dabei das Fleisch des öfteren wenden. Die Filets aus der Pfanne nehmen und warm halten.
7. Das Fett abgießen und den Bratensatz mit der Marinade ablöschen. Das Ganze aufkochen lassen und mit Pfeffer und wenig Salz würzen.
8. Das Fleisch in Scheiben schneiden und mit dem Gemüse auf zwei vorgewärmten Tellern anrichten. Anschließend mit der Sauce beträufeln.

ca. 183 kcal • 16 g E • 6,8 g KH • 3,6 g Bst. • 42 mg Chol. • 81 g F • (2271 mg MUF • 2320 mg EUF • 2306 mg ges. FS) • P/S=1

Tip
Dazu paßt sehr gut Kurkumareis (Rezept Seite 67) oder Folienkartoffeln (Rezept Seite 67).

Gegrilltes Lamm mit Erbsen und Auberginen-Zucchini-Gemüse

Quellzeit der Erbsen: ca. 8 Std.
Marinierzeit des Lammfleischs: ca. ½ Std.
Zubereitungszeit: 1½ Std.

Für 2 Personen

Für die Erbsen:
- 100 g gelbe ungeschälte Erbsen
- 600 ml ungesalzene Gemüsebrühe (Rezept Seite 52)
- 1 kleine rote Zwiebel
- 1 Knoblauchzehe
- 100 g grüne Paprikaschote
- 1 TL Diätmargarine

Für das Lamm:
- 1 Schalotte
- 1 kleine Knoblauchzehe
- 1 EL trockener Rotwein
- 1 TL Pflanzenöl
- 4 kleine Lammkoteletts (à 60 g)
- 1 Zweig Thymian
- 1 Zweig Rosmarin
- 1 Zweig Oregano

Für das Gemüse:
- 150 g Aubergine
- 150 g Zucchino
- etwas Zitronensaft
- wenig Kräutersalz
- 1 TL Pflanzenöl

Außerdem:
- wenig Meersalz
- 1 Msp. Cayennepfeffer

1. Die Erbsen in der Gemüsebrühe mindestens 8 Stunden, am besten über Nacht, quellen lassen.
2. Danach die Erbsen mit der Gemüsebrühe etwa 1¼ Stunden kochen, bis sie weich sind.
3. In der Zwischenzeit die Zwiebel und die Knoblauchzehe schälen. Die Zwiebel und die Paprikaschote fein würfeln. Die Knoblauchzehe zerdrücken.
4. Die Zwiebel- und die Paprikawürfel sowie die zerdrückte Knoblauchzehe in der mäßig heißen Margarine glasig dünsten und beiseite stellen.
5. Für die Lammarinade die Schalotte und die Knoblauchzehe schälen und fein hacken. Mit dem Rotwein und dem Öl mischen.
6. Die Lammkoteletts vom Fett befreien und mit der Rotweinmarinade einreiben. Die Kräuterzweige auf das Fleisch legen und es mindestens ½ Stunde ziehen lassen.
7. Die Aubergine und den Zucchino in 2 Zentimeter dicke Scheiben schneiden. Die Auberginenscheiben mit etwas Zitronensaft beträufeln, dann mit wenig Kräutersalz würzen und mindestens 10 Minuten ziehen lassen. Den Backofen auf 200° C vorheizen.
8. Die Auberginenscheiben trockentupfen und die Zucchinoscheiben mit wenig Kräutersalz würzen.
9. Das Gemüse auf ein mit Backtrennpapier ausgelegtes Backblech setzen, mit dem Öl bepinseln und im vorgeheizten Backofen 15 bis 20 Minuten backen oder in einer Pfanne braten.
10. Die Koteletts aus der Marinade nehmen, trockentupfen und im Elektrogrill von beiden Seiten 3 bis 5 Minuten grillen oder in einer Pfanne braten.
11. Die gedünsteten Zwiebeln und Paprikaschoten unter die Erbsen mischen, alles nochmals kurz erhitzen und mit wenig Salz und Cayennepfeffer würzen.
12. Die Koteletts mit dem Gemüse und den Erbsen servieren.

ca. 507 kcal • 29,4 g E • 37 g KH • 11,8 g Bst. • 56 mg Chol. • 22,5 g F • (5678 mg MUF • 6985 mg EUF • 6633 mg ges. FS) • P/S=0,9

Gemüse-Lamm-Pilaw

Quellzeit der Kichererbsen: ca. 8 Std.
Zubereitungszeit: ca. 1¼ Std.

Für 2 Personen

- 40 g Kichererbsen
- 100 g Lammfleisch aus der Schulter
- wenig Meersalz
- frisch gemahlener Pfeffer
- Currypulver
- 1 kleine rote Zwiebel
- 1 Knoblauchzehe
- 40 g Naturreis (Langkorn)
- 3 TL Pflanzenöl
- 400 ml ungesalzene Gemüsebrühe (Rezept Seite 52)
- 100 g Aubergine
- 100 g gelber oder grüner Zucchino
- 150 g rote Paprikaschote
- wenig Kräutersalz
- etwas Zitronensaft
- frisch geriebener Ingwer
- 1 EL frisch gehackte Blattpetersilie

1. Die Kichererbsen verlesen, waschen und in der vierfachen Menge Wasser mindestens 8 Stunden, besser noch über Nacht, quellen lassen.
2. Das Lammfleisch von der Haut und den Sehnen befreien, quer zur Faser in 10 gleich große Stücke schneiden und mit wenig Salz, Pfeffer und Currypulver würzen.
3. Die Zwiebel und die Knoblauchzehe schälen und beides fein hacken.
4. Den Reis zuerst mit kaltem, dann mit warmem Wasser waschen und abtropfen lassen.
5. Nun 1 Teelöffel Öl erhitzen und das gewürzte Fleisch darin 5 Minuten anbraten.
6. Dann die Zwiebel, den Knoblauch, die Kichererbsen und den Reis hinzufügen. Die heiße Gemüsebrühe angießen, aufkochen lassen und bei geringer Hitzezufuhr 50 bis 60 Minuten garen.
7. In der Zwischenzeit die Aubergine, den Zucchino und die Paprikaschote in 1 Zentimeter große Würfel schneiden. Die Aubergine mit wenig Kräutersalz würzen, mit Zitronensaft beträufeln und 10 Minuten ziehen lassen.
8. Das restliche Öl erhitzen. Zuerst die etwas ausgedrückten Auberginen, dann den Zucchino und zum Schluß die Paprikawürfel bei mittlerer Hitze rundherum braten.
9. Das Gemüse mit wenig Meersalz, Pfeffer und Ingwer würzen. Das Ganze locker unter den Pilaw mischen und alles noch weitere 10 Minuten garen.
10. Den Pilaw nochmals kräftig würzen und mit der Petersilie bestreuen.

ca. 378 kcal • 17,8 g E • 32 g KH • 7,4 g Bst. • 35 mg Chol. • 17,3 g F • (9357 mg MUF • 4893 mg EUF • 4053 mg ges. FS) • P/S=2,3

Marinierte Putenkeule mit roten Linsen

Marinierzeit der Putenkeule: ca. 3 Std.
Zubereitungszeit: ca. 1 Std.

Für 2 Personen

60 ml trockener Rotwein
5 Schalotten
2 Knoblauchzehen
280 g Putenoberkeule (ca. 200 g Fleisch)
1/4 Bund Petersilie
wenig Meersalz
frisch gemahlener Pfeffer
1 TL Pflanzenöl
100 g rote Linsen
1/4 l ungesalzene Gemüsebrühe (Rezept Seite 52)
100 g Lauch
1/2 Bund Majoran
etwas Rotweinessig

1. Den Rotwein mit den geschälten, halbierten Schalotten und Knoblauchzehen erhitzen und wieder abkühlen lassen.
2. Das Fleisch waschen, trockentupfen und mit der Petersilie 3 Stunden in der Marinade ziehen lassen.
3. Dann das Fleisch aus der Marinade nehmen, trockentupfen, wenig salzen, pfeffern und im mäßig heißen Öl von allen Seiten anbraten.
4. Das Fleisch herausnehmen und das Fett abschütten. Den Bratensatz mit der Marinade ablöschen und loskochen. Das Fleisch wieder in den Topf geben und 1 Stunde weich schmoren.
5. Inzwischen die gewaschenen Linsen mit der Gemüsebrühe 25 bis 30 Minuten kochen.
6. Den Lauch in breite Streifen schneiden und 10 Minuten bevor die Linsen gar sind mit den Hülsenfrüchten mischen. Die Linsen mit dem feingehackten Majoran, etwas Rotweinessig, wenig Salz und Pfeffer pikant abschmecken.
7. Das Fleisch vom Knochen lösen und in Scheiben schneiden. Die Sauce noch etwas einkochen lassen, mit den Gewürzen abschmecken und mit den Linsen zum Fleisch reichen.

ca. 430 kcal • 34,7 g E •
34,8 g KH • 7,5 g Bst. •
72 mg Chol. • 11,8 g F •
(4383 mg MUF • 2749 mg EUF • 2773 mg ges. FS) • P/S=1,6

Tip
Dazu passen Pellkartoffeln oder Vollkornteigwaren ohne Ei.

Mais-Bohnen-Gemüse mit Hähnchenbruststreifen

Quellzeit der Bohnen: ca. 10 Std.
Zubereitungszeit: ca. 1 Std.

Für 2 Personen

80 g schwarze Bohnen
350 ml ungesalzene Gemüsebrühe (Rezept Seite 52)
1 Lorbeerblatt
2 Zweige Bohnenkraut
3–4 schwarze Pfefferkörner
1 kleine Möhre
50 g Knollensellerie
50 g Lauch
1 Maiskolben oder 170 g frische oder tiefgekühlte Maiskörner
1 kleine rote Zwiebel
100 g Hähnchenbrust
2 TL Pflanzenöl
frisch gemahlener Pfeffer
wenig Meersalz
1/4 Bund Blattpetersilie

1. Die Bohnen verlesen und waschen. Mit der vierfachen Menge Wasser mindestens 10 Stunden, am besten über Nacht, quellen lassen.
2. Am nächsten Tag die Bohnen abseihen, gut abtropfen lassen und mit der Gemüsebrühe 10 Minuten bei geöffnetem Topf kochen. Das Lorbeerblatt mit dem Bohnenkraut und einigen Pfefferkörnern in ein Leinensäckchen geben, es zubinden, in den Bohnensud hängen und das Ganze bei geringer Hitzezufuhr zugedeckt 1 Stunde köcheln lassen.
3. Inzwischen das Gemüse in 1/2 Zentimeter große Würfel schneiden. Die Maiskörner mit einem scharfen Messer aus dem Kolben lösen, waschen und trockentupfen. Die Zwiebel schälen und in feine Streifen schneiden.
4. Die Hähnchenbrust von der Haut befreien, waschen, trockentupfen und quer zur Faser in 1/2 Zentimeter breite Streifen schneiden.
5. Die Möhre, den Sellerie und den Lauch mit den Zwiebelstreifen in 1 Teelöffel Öl anbraten und 1/4 Stunde bevor die Bohnen gar sind mit den Hülsenfrüchten mischen.
6. Das Hähnchenfleisch mit Pfeffer und wenig Salz würzen und in dem restlichen Öl 3 Minuten braten. Das Fleisch herausnehmen und warm halten.
7. Die Maiskörner im verbliebenen Bratfett schwenken, 1 Eßlöffel Gemüsebrühe dazugeben und das Gemüse 5 Minuten dünsten.
8. Das Gewürzsäckchen aus den Bohnen nehmen und das Gericht mit wenig Salz und Pfeffer abschmecken.
9. Das Hähnchenfleisch unter den Mais mischen und auf das Bohnengemüse geben. Mit der frisch gehackten Blattpetersilie bestreuen.

ca. 330 kcal • 24,8 g E •
38 g KH • 16 g Bst. •
30 mg Chol. • 6,4 g F •
(3156 mg MUF • 1429 mg EUF • 904 mg ges. FS) • P/S=3,5

Tip
Dazu paßt Vollkornfladenbrot.

Putensteak mit Früchten und Currysauce

Zubereitungszeit: ca. 25 Min.

Für 2 Personen

Für die Currysauce:
- ½ Schalotte
- 25 g Apfel
- 1 TL Diätmargarine
- 1 TL Hirsemehl
- Currypulver
- 40 ml Gemüsebrühe (Rezept Seite 52)
- 20 g Banane
- frisch gemahlener weißer Pfeffer
- wenig Meersalz

Für die Putensteaks:
- 2 Putensteaks (à 100 g)
- ½ Banane
- 100 g frische Ananas
- 2 Kirschen

1. Für die Currysauce die Schalotte schälen und zusammen mit dem Apfel fein würfeln. Dann in der mäßig heißen Margarine andünsten.
2. Das Hirsemehl und etwas Currypulver dazugeben und kurz anschwitzen. Die kalte Gemüsebrühe angießen und die Sauce unter ständigem Rühren aufkochen lassen.
3. Die Banane würfeln, in die Sauce geben, nochmal kurz aufkochen lassen, mit Pfeffer und wenig Meersalz würzen und anschließend die Sauce pürieren.
4. Den Elektrogrill vorheizen. Die Putensteaks waschen und trockentupfen.
5. Dann die Steaks von beiden Seiten 2 bis 3 Minuten grillen, mit wenig Meersalz und Pfeffer würzen und warm halten.
6. Inzwischen die halbierte Bananenhälfte und die Ananas auf den Grill legen und anbräunen.
7. Die Sauce nochmals kurz erwärmen, auf zwei Teller geben und die Steaks darauf setzen. Mit dem gegrillten Obst und den Kirschen garnieren.

ca. 207 kcal • 25 g E • 13,4 g KH • 2 g Bst. • 60 mg Chol. • 3,4 g F • (1433 mg MUF • 698 mg EUF • 822 mg ges. FS) • P/S=1,7

Tip
Dazu paßt Gemüsereis mit Ingwer abgeschmeckt (Rezept Seite 67).

Szegediner Putengulasch

Zubereitungszeit: ca. 50 Min.

Für 2 Personen

200 g Putenfleisch aus der Keule
frisch gemahlener Pfeffer
gerebelter Majoran
wenig Meersalz
1 kleine Zwiebel
1 Knoblauchzehe
1 TL Pflanzenöl
Rosenpaprikapulver
¼ l Gemüsebrühe (Rezept Seite 52)
3 Tomaten
1 Paprikaschote
200 g Sauerkraut
einige Kapern
1 El frisch gehackte Blattpetersilie
2 TL saure Sahne

1. Das Putenfleisch waschen, trockentupfen und würfeln. Mit Pfeffer, Majoran und wenig Meersalz würzen.
2. Die Zwiebel und die Knoblauchzehe schälen. Die Zwiebel in feine Scheiben schneiden und die Knoblauchzehe zerdrücken.
3. Das Öl erhitzen, die Zwiebel und den Knoblauch darin goldgelb anbraten. Das Paprikapulver hineinstreuen und sofort mit 2 Eßlöffeln Gemüsebrühe ablöschen.
4. Das Fleisch hineingeben und bei mittlerer Hitzezufuhr so lange schmoren, bis alle Flüssigkeit verdampft ist.
5. Inzwischen die Tomaten waschen und in Würfel schneiden. Zum Fleisch geben und andünsten. Dann die heiße Gemüsebrühe angießen und das Gulasch zugedeckt 20 Minuten köcheln lassen.
6. Die Paprikaschote putzen und in feine Streifen schneiden. Das Sauerkraut und die Kapern grob hacken.
7. Das Gemüse unter das Fleisch mischen und alles weitere 20 Minuten garen, bis das Fleisch weich ist.
8. Das Gulasch nochmals abschmecken, auf zwei angewärmte Teller verteilen und mit der Petersilie bestreuen und die saure Sahne darübergeben.

ca. 217 kcal • 27,6 g E • 9,2 g KH • 5,3 g Bst. • 62 mg Chol. • 5,5 g F • (2382 mg MUF • 1202 mg EUF • 1122 mg ges. FS) • P/S=2,1

Geschnetzeltes Rindfleisch aus dem Wok

Zubereitungszeit: ca. ½ Std.

Für 2 Personen

180 g Rumpsteak ohne Fettrand
1 EL Sojasauce
1 Knoblauchzehe
wenig Meersalz
100 g Blumenkohl
50 g Petersilienwurzel
1 mittelgroße Möhre
100 g Shiitakepilze
10 g frischer Ingwer
2 TL Pflanzenöl
frisch gemahlener Pfeffer

1. Das Fleisch waschen und trockentupfen. In feine Streifen schneiden und in der Sojasauce etwas marinieren.
2. Inzwischen die Knoblauchzehe schälen und mit wenig Meersalz zerdrücken. Den Blumenkohl in kleine Röschen teilen.
3. Die Petersilienwurzel und die geschälte Möhre in feine Stifte schneiden. Die Pilze in mehrere Stücke teilen. Den Ingwer schälen und in feine Streifen schneiden oder grob raspeln.
4. Etwa 1 Teelöffel Öl im Wok erhitzen und die Hälfte der Knoblauchzehe darin rasch anbraten. Das Gemüse und die Pilze dazugeben und unter ständigem Rühren bißfest garen. Aus dem Wok nehmen und warm halten.
5. Das Fleisch mit Pfeffer und wenig Salz würzen. Das restliche Öl im Wok erhitzen. Die Fleischstreifen dazugeben und rasch anbraten.
6. Die restliche Knoblauchzehe, den Ingwer und etwas Currypulver daruntermischen und alles so lange braten, bis das Fleisch gar ist.
7. Das Gemüse wieder hinzufügen, nochmals kurz erhitzen und das Gericht eventuell mit etwas Sojasauce nachwürzen.

ca. 237 kcal • 20 g E •
12,5 g KH • 4 g Bst. •
45 mg Chol. • 10 g F •
(3274 mg MUF • 2826 mg EUF •
2375 mg ges. FS) • P/S=1,4

Tip
Dazu paßt Kurkumareis (Rezept Seite 67). Statt des Woks können Sie auch eine große schwere Pfanne verwenden.

Variation
Unter das Gemüse können sehr gut auch Sojabohnenkeimlinge gemischt werden.

Roastbeef mit Kräuterkruste

Marinierzeit: ca. 2 Std.
Zubereitungszeit: ca. 10 Min.

Für 2 Personen

- 200 g Roastbeef ohne Fettrand
- 1 TL Pflanzenöl
- 1 Msp. provenzalische Kräuter
- 1 Schalotte
- ½ Knoblauchzehe
- 2 Bund frische Kräuter (Liebstöckel, Petersilie, Zitronenmelisse, Thymian, Majoran, einige Nadeln Rosmarin und Estragon)
- ½ TL Dijonsenf
- frisch gemahlener Pfeffer
- wenig Meersalz

1. Das Fleisch waschen und trockentupfen. Das Öl mit den provenzalischen Kräutern mischen und das Fleisch damit einreiben. Abgedeckt mindestens 2 Stunden durchziehen lassen.
2. Die Schalotte und die Knoblauchzehe schälen und beides fein hacken. Die Kräuter fein hacken, mit dem Knoblauch, der Schalotte und dem Senf mischen und die Masse mit Pfeffer und wenig Salz würzen.
3. Das Fleisch auf dem vorgeheizten Grill oder in einer Pfanne von beiden Seiten 2 Minuten grillen bzw. braten. Die Kräuterpaste auftragen und das Roastbeef bis zum gewünschten Garpunkt weiterbraten.
4. Das Roastbeef einige Minuten ruhen lassen. Erst dann in Scheiben schneiden und auf zwei vorgewärmten Tellern verteilen.

ca. 273 kcal • 20,3 g E • 2 g KH • 0,2 g Bst. • 60 mg Chol. • 18 g F • (1906 mg MUF • 7272 mg EUF • 6232 mg ges. FS) • P/S=0,3

Gefülltes Roastbeef

Zubereitungszeit: ca. 20 Min.

Für 2 Personen

Für die Füllung:
50 g Makrelenfilet
½ Scheibe Vollkorntoast
1 Frühlingszwiebel
einige Tropfen Eiweiß

Für das Roastbeef:
200 g Roastbeef ohne Fettrand
frisch gemahlener Pfeffer
wenig Meersalz

1. Vom Fischfilet eventuell noch vorhandene Gräten sorgfältig entfernen und das Filet im Mixer sehr fein hacken. Den Vollkorntoast fein zerreiben.
2. Die Frühlingszwiebel putzen, fein hacken und zusammen mit den Toastbröseln und etwas Eiweiß unter das Fischmus ziehen.
3. Eine Tasche in das Steak schneiden und die Füllung hineinstreichen. Anschließend das Fleisch mit einem Zahnstocher zustecken.
4. Das Roastbeef mit Pfeffer und wenig Meersalz würzen und auf dem vorgeheizten Grill oder in der Pfanne bis zum gewünschten Punkt (nicht zu blutig) braten.
5. Das Fleisch kurz ruhen lassen. Dann den Zahnstocher entfernen, das Fleisch in Scheiben schneiden und auf zwei vorgewärmte Teller geben.

ca. 370 kcal • 26,5 g E • 4 g KH • 0,3 g Bst. • 77,5 mg Chol. • 22,4 g F • (3852 mg MUF • 8199 mg EUF • 7026 mg ges. FS) • P/S=0,5

Tip
Dazu passen Gemüse der Saison und Folienkartoffeln (Rezept Seite 67).

Rehrücken-medaillons auf warmem Berglinsensalat

Keimzeit der Berglinsen: ca. 3 Tage
Zubereitungszeit: ca. 40 Min.

Für 2 Personen

Für die Salatsauce:

- wenig Kräutersalz
- 1–2 TL Balsamessig (Aceto balsamico)
- 1 Msp. feingehackter Knoblauch
- frisch gemahlener schwarzer Pfeffer
- 1 TL Distelöl

Für den Salat:

- 50 g Berglinsenkeimlinge (aus ca. 10 g Linsen; siehe auch Seite 126)
- wenig Meersalz
- 20 g Möhre
- 20 g Petersilienwurzel
- 20 g Bleichsellerie
- 1 Schalotte
- 1 TL Pflanzenöl
- 1 EL Gemüsebrühe (Rezept Seite 52)

Für die Medaillons:

- 160 g Rehfilet (1–2 Stück)
- einige Blätter Friséesalat
- 1 TL frisch gehackte Blattpetersilie

1. Wenig Kräutersalz so lange mit dem Balsamessig verrühren, bis es sich aufgelöst hat, und den Knoblauch sowie etwas Pfeffer und das Distelöl daruntermischen.
2. Die Linsen in kochendem, wenig gesalzenem Wasser 2 Minuten blanchieren, abschütten und in der Salatsauce ziehen lassen.
3. Inzwischen das Gemüse und die geschälte Schalotte in feine Streifen schneiden. In dem Öl und der Gemüsebrühe bißfest dünsten. Anschließend unter die Linsen mischen.
4. Das gehäutete Rehfilet waschen, trockentupfen und 2 bis 3 Minuten grillen. Anschließend salzen und pfeffern.
5. Den Linsensalat nochmals kräftig abschmecken und auf den vorbereiteten Friséeblättern anrichten. Das Rehfilet in sechs Scheiben schneiden, auf den Salat geben und mit der Petersilie garnieren.

ca. 190 kcal • 17,7 g E • 7 g KH • 1,4 g Bst. • 39 mg Chol. • 8,5 g F • (4564 mg MUF • 1688 mg EUF • 1172 mg ges. FS) • P/S=3,9

Tip
Dazu paßt Vollkornbaguette (Rezept Seite 18).

Variation
Statt des Rehfilets können Sie auch Kalbs- oder Rinderfilet verwenden.

Kartoffelrösti mit Matjestatar

Zubereitungszeit: ca. ½ Std.

Für 2 Personen

Für die Kartoffelrösti:

- 400 g Kartoffeln
- frisch gehackter Majoran
- frisch geriebene Muskatnuß
- frisch gemahlener Pfeffer
- wenig Kräutersalz
- 1 TL Pflanzenöl

Für das Matjestatar:

- 140 g Matjesfilet
- 2 Schalotten
- 50 g Salatgurke
- 1 TL Kapern
- 1 EL saure Sahne
- etwas mildes Paprikapulver
- einige Dillzweige

1. Die Kartoffeln grob raspeln, sofort mit Majoran, Muskatnuß, Pfeffer und wenig Kräutersalz würzen. Die Matjesfilets in kaltes Wasser legen, dadurch vermindert sich ihr Salzgehalt.
2. In der Zwischenzeit aus der Kartoffelmasse im heißen Öl sechs kleine Rösti backen. Dazu jeweils ein Sechstel der geraspelten Kartoffeln in ein wenig heißes Öl geben und mit dem Löffel glattstreichen. Die Pfanne abdecken und die Rösti einige Minuten braten. Dann mit Hilfe eines Pfannenwenders umdrehen und die zweite Seite bei offener Pfanne bräunen.
3. Das gewässerte Matjesfilet fein würfeln.
4. Die Schalotte schälen und mit der Salatgurke sowie den Kapern fein hakken und alles unter die saure Sahne ziehen.
5. Die Sauce mit Paprika und Pfeffer abschmecken. Das gewürfelte Matjesfilet locker darunterheben und mit einigen Dillzweigen garnieren.
6. Die Kartoffelrösti mit dem Matjestatar anrichten.

ca. 330 kcal • 16,2 g E • 39 g KH • 5 g Bst. • 50 mg Chol. • 10 g F • (2702 mg MUF • 3824 mg EUF • 1996 mg ges. FS) • P/S=1,4

Kartoffeln mit Lachs und Currysauce

Zubereitungszeit: ca. 35 Min.

Für 2 Personen

- 500 g Kartoffeln mit Schale
- 2 EL Magerquark
- 2 EL Joghurt 1,5% Fett
- 1 TL Zitronensaft
- ½ TL Currypulver
- wenig Meersalz
- frisch gemahlener Pfeffer
- 1 Apfel
- 100 g Gravad Lachs (gebeizter Lachs)
- einige Dillzweige

1. Die Kartoffeln je nach Größe 15 bis 20 Minuten in kochendem, leicht gesalzenem Wasser garen oder dämpfen.

2. Inzwischen den Quark und den Joghurt mit dem Zitronensaft verrühren. Das Ganze pikant mit Currypulver, wenig Meersalz und Pfeffer abschmecken.

3. Den Apfel waschen, entkernen, in ganz feine Würfel schneiden und unter die Sauce ziehen.

4. Die Sauce auf zwei Teller verteilen, mit feingehacktem Dill bestreuen und den Gravad Lachs dazulegen.

5. Die Pellkartoffeln schälen und zu der Sauce reichen.

ca. 305 kcal • 17 g E • 48,6 g KH • 7 g Bst. • 35 mg Chol. • 2,2 g F • (662 mg MUF • 664 mg EUF • 614 mg ges. FS) • P/S=1

Artischockenrisotto mit Seeteufel

Zubereitungszeit: ca. 50 Min.

Für 2 Personen

- 1 kleine rote Zwiebel
- 1 EL Pflanzenöl
- 90 g Naturreis (Rundkorn)
- 200 ml ungesalzene Gemüsebrühe (Rezept Seite 52)
- 100 g Seeteufelfilet
- etwas Zitronensaft
- 100 g Erbsen
- 50 g gegarte Artischockenherzen (aus der Dose)
- wenig Meersalz
- frisch gemahlener Pfeffer
- 50 g Paprikaschote
- 50 g Aubergine
- 1 TL Sonnenblumenöl
- wenig Kräutersalz
- 1 EL frisch gehackte Petersilie
- 30 g geriebener Gouda 30% Fett i. Tr.

1. Die Zwiebel schälen, fein hacken und im mäßig heißen Öl glasig dünsten.
2. Den Naturreis zuerst mit kaltem, dann mit warmem Wasser waschen. Zur Zwiebel geben und mit der heißen Gemüsebrühe auffüllen. Aufkochen lassen und den Reis bei geringer Hitzezufuhr 30 bis 40 Minuten köcheln lassen.
3. Inzwischen das Seeteufelfilet in 1 Zentimeter große Würfel schneiden, waschen, trockentupfen und mit Zitronensaft beträufeln.
4. Die Erbsen und die halbierten Artischockenherzen zum Reis geben und 5 Minuten mitgaren. Dann den Reis mit wenig Meersalz und Pfeffer würzen und auf der ausgeschalteten Herdplatte noch 10 Minuten nachquellen lassen.
5. In der Zwischenzeit den Seeteufel im heißen Öl kurz von beiden Seiten braten. Wenig salzen und pfeffern.
6. Die Paprikaschote und die Aubergine fein würfeln und im mäßig heißen Öl bißfest dünsten. Mit wenig Kräutersalz und Pfeffer würzen und zusammen mit dem Seeteufel vorsichtig unter den Reis heben.
7. Die Petersilie mit dem Käse mischen und über den Reis streuen.

ca. 383 kcal • 17 g E • 45 g KH • 6,6 g Bst. • 23,6 mg Chol. • 12,3 g F • (5102 mg MUF • 2826 mg EUF • 2828 mg ges. FS) • P/S=1,8

Rotbarschfilet mit Topinambur-Zucchini-Kruste

Zubereitungszeit: ca. 1 Std.

Für 2 Personen

- 200 g Topinambur (kartoffelähnliche Knollenfrucht; siehe auch Tip Seite 49)
- 100 g Zucchino
- 250 g Rotbarschfilet
- etwas Zitronensaft
- wenig Meersalz
- frisch gemahlener Pfeffer
- wenig Kräutersalz
- 1 TL Diätmargarine zum Ausfetten
- frisch gehacktes Basilikum
- etwas Gemüsebrühe (Rezept Seite 52) oder trockener Weißwein zum Dünsten
- 20 g geriebener Emmentaler 30% Fett i. Tr.
- 1 EL frisch gehackte Petersilie

1. Die sehr gut abgebürsteten Topinamburknollen bißfest dämpfen oder in wenig Wasser garen. Je nach Größe dauert dies etwa 10 Minuten, die Knollen werden jedoch sehr unterschiedlich schnell gar. Nach dem Garen den Topinambur im Eiswasser abschrecken.
2. Inzwischen den Zucchino in Scheiben schneiden und blanchieren, danach ebenfalls kalt abschrecken.
3. Das Fischfilet waschen, trockentupfen und mit etwas Zitronensaft beträufeln. Den Fisch mit wenig Meersalz würzen, pfeffern und in eine ausgefettete Auflaufform geben. Den Backofen auf 175°C vorheizen.
4. Die Topinamburknollen in dünne Scheiben schneiden und zusammen mit den Zucchinoscheiben schuppenartig auf den Fisch legen. Das Gemüse mit wenig Kräutersalz und viel Basilikum bestreuen.
5. Soviel Gemüsebrühe oder Weißwein angießen, daß der Boden der Auflaufform ½ bis 1 Zentimeter bedeckt ist, und auf der Herdplatte zum Kochen bringen.
6. Den Käse darauf streuen und das Gericht 15 bis 20 Minuten backen. Vor dem Servieren mit Petersilie garnieren.

ca. 210 kcal • 25,6 g E • 5,2 g KH • 12,5 g Bst. • 80,7 mg Chol. • 7,4 g F • (2536 mg MUF • 1595 mg EUF • (2288 mg ges. FS) • P/S=1,1

Tip

Dazu passen Folienkartoffeln (Rezept Seite 67).

Makrelen auf Gemüseragout

Zubereitungszeit: ca. 35 Min.

Für 2 Personen

100 g gelbe Paprikaschote
4 Tomaten
100 g Aubergine
Saft von ½ Zitrone
wenig Kräutersalz
1 kleine rote Zwiebel
2 Knoblauchzehen
¼ Bund Basilikum
1 Zweig Thymian
2 Makrelenfilets (à 150 g)
1 TL Pflanzenöl
1 TL Tomatenmark
1 TL Maisgrieß
1 EL Gemüsebrühe (Rezept Seite 52)
wenig Meersalz
frisch gemahlener Pfeffer
etwas abgeriebene Schale einer unbehandelten Zitrone

1. Die Paprikaschote grob würfeln. Die gewaschenen Tomaten vom Stielansatz befreien und grob würfeln.
2. Die Aubergine grob würfeln, mit etwas Zitronensaft beträufeln, mit wenig Kräutersalz würzen und 10 Minuten ziehen lassen.
3. In der Zwischenzeit die Zwiebel und die Knoblauchzehen schälen und beides fein hacken.
4. Die Basilikumblätter fein hacken. Die Thymianblätter von den Stielen abstreifen.
5. Die Fischfilets waschen, trockentupfen und mit dem restlichen Zitronensaft beträufeln.
6. Im erhitzten Öl die ausgedrückten Auberginenwürfel 2 Minuten anbräunen. Dann die Zwiebel, den Knoblauch und die Paprikawürfel 5 Minuten mitdünsten.
7. Nun das Tomatenmark dazugeben und anschwitzen. Den Maisgrieß einstreuen und das Ganze mit der Gemüsebrühe aufkochen lassen.
8. Die Makrelenfilets mit wenig Meersalz und Pfeffer würzen und auf das Gemüse setzen. Die Tomatenwürfel mit dem Basilikum und dem Thymian mischen, auf die Fischfilets geben und das Ganze mit etwas Zitronenschale bestreuen.
9. Das Gericht zugedeckt bei schwacher Hitzezufuhr etwa 10 Minuten garen.

ca. 383 kcal • 37,8 g E • 17 g KH • 8 g Bst. • 105 mg Chol. • 14,4 g F • (5445 mg MUF • 3283 mg EUF • 3652 mg ges. FS) • P/S=1,5

Tip
Dazu paßt Naturreis (Rezept Seite 67) oder gebackene Kartoffeln (Rezept Seite 67).

Kabeljau in Chinakohl auf Currysauce

Zubereitungszeit: ca. 40 Min.

Für 2 Personen

Für die Kabeljauröllchen:

- 200 g Kabeljaufilet, gut gekühlt
- 4 große Chinakohlblätter
- 1 EL fein gehackter Lauch
- 1 EL fein gehackte Möhre
- 1 Eiweiß
- 2 EL Joghurt 1,5% Fett
- wenig Meersalz
- frisch gemahlener Pfeffer
- 1 TL Zitronensaft

Für die Currysauce:

- 1 Schalotte
- ½ Apfel
- 1 TL Diätmargarine
- 3 Msp. Currypulver
- 1 TL feines Reismehl
- 50 ml trockener Weißwein
- 50 ml Gemüsebrühe (Rezept Seite 52)
- 30 g Banane

1. Das gut gekühlte Fischfilet waschen, trockentupfen, in große Würfel schneiden und im Mixer pürieren. Anschließend kalt stellen. Es ist sehr wichtig, daß der Fisch gut kalt ist, da sonst die Fischfarce nicht bindet.
2. Inzwischen die Chinakohlblätter 2 bis 3 Minuten blanchieren, sofort abschrecken und trockentupfen. Die grobe Mittelrippe und den dicken Teil des Blattes abschneiden.
3. Den Lauch und die Möhre 1 Minute in der Gemüsebrühe blanchieren und abtropfen lassen.
4. Zuerst das Eiweiß, dann den Joghurt unter das Fischpüree mischen. Die Fischfarce mit wenig Salz, Pfeffer und dem Zitronensaft abschmecken. Die Hälfte des Gemüses dazugeben.
5. Die Fischfarce auf die mit wenig Salz und Pfeffer gewürzten Chinakohlblätter verteilen. Die Blätter seitlich über die Füllung schlagen, dann wie Rouladen zusammenrollen. Mit Zahnstochern feststecken.
6. Die Schalotte schälen, zusammen mit dem Apfel fein würfeln und beides in der mäßig heißen Margarine andünsten.
7. Das Currypulver und das Reismehl hineinstreuen. Den Weißwein und die Gemüsebrühe angießen und die Sauce aufkochen lassen, dabei mehrmals umrühren.
8. Die Fischröllchen in die Sauce geben und 15 Minuten bei geringer Hitzezufuhr dünsten. Anschließend die Fischröllchen aus der Sauce heben, die Zahnstocher entfernen und die Röllchen warm halten.
9. Die Banane in die Sauce geben, diese pürieren, nochmals aufkochen und über die Fischröllchen geben.
10. Mit den restlichen Gemüsewürfeln garnieren.

ca. 163 kcal • 17 g E • 9,4 g KH • 2 g Bst. • 40,5 mg Chol. • 3 g F • (1344 mg MUF • 549 mg EUF • 716 mg ges. FS) • P/S=1,9

Tip
Dazu paßt Naturreis (Rezept Seite 67).

Gegrillte Fischspießchen

Zubereitungszeit: ca. 40 Min.

Für 2 Personen

1 Thunfischsteak (ca. 200 g)
etwas Zitronensaft
wenig Meersalz
frisch gemahlener Pfeffer
Kurkuma
4 Schalotten
100 g Zucchino
100 g rote Paprikaschote
2 große Champignons
etwas Öl zum Grillen

1. Das Thunfischsteak waschen, trockentupfen und in etwa 2 Zentimeter große Stücke schneiden.
2. Etwas Zitronensaft mit wenig Meersalz, Pfeffer und etwas Kurkuma verrühren. Die Fischwürfel darin 5 bis 10 Minuten ziehen lassen.
3. Inzwischen die Schalotten schälen, den Zucchino in ½ Zentimeter dicke Stücke schneiden. Die Paprikaschote in acht Stücke schneiden. Die Champignons halbieren und mit einem mit Zitronensaft getränkten Tuch abreiben.
4. Die Fischstücke abwechselnd mit dem Gemüse auf zwei Grillspieße stecken und mit etwas Öl bepinseln.
5. Die Spieße auf dem heißen Grill oder in einer Pfanne 10 bis 15 Minuten grillen bzw. braten. Dabei mehrmals wenden.

ca. 244 kcal • 25 g E • 10 g KH • 2 g Bst. • 71,7 mg Chol. • 9,2 g F • (3050 mg MUF • 3211 mg EUF • 1994 mg ges. FS) • P/S=1,5

Tip
Statt des Thunfischs können Sie auch anderen festfleischigen Fisch verwenden. Dazu passen eine Paprikasauce (Rezept Seite 63) und ein Salatteller.

Rotbarbenfilets auf Ingwergemüse

Zubereitungszeit: ca. ½ Std.

Für 2 Personen

1 Schalotte
1 Knoblauchzehe
50 g Lauch
1 mittelgroße Möhre
10 bis 20 g frischer Ingwer
50 g Mungobohnenkeimlinge (aus ca. 10 g Bohnen; siehe auch Seite 126)
1 TL Pflanzenöl
1 Msp. Honig
1 EL Sojasauce
1 EL trockener Weißwein
2 Rotbarbenfilets (à 150 g)
wenig Meersalz
frisch gemahlener Pfeffer

1. Die Schalotte und die Knoblauchzehe schälen und beides sehr fein hacken.
2. Den Lauch, die geschälte Möhre und den geschälten Ingwer in sehr feine Streifen schneiden. Die Mungobohnenkeimlinge gut waschen und abtropfen lassen.
3. Die Schalotte und den Knoblauch im mäßig heißen Öl andünsten.
4. Den Honig, die Sojasauce und den Weißwein dazugeben und aufkochen lassen. Anschließend das Gemüse in die Sauce geben.
5. Inzwischen die Rotbarbenfilets waschen, trockentupfen, wenig salzen und pfeffern, auf das Gemüse setzen und zugedeckt 10 Minuten dämpfen.

ca. 238 kcal • 25,7 g E • 10,8 g KH • 3 g Bst. • 87,5 mg Chol. • 7,6 g F • (3474 mg MUF • 1608 mg EUF • 1474 mg ges. FS) • P/S=2,4

Tip
Dazu paßt Naturreis (Rezept Seite 67).

Steinbuttschnitzel im Tomaten-Oliven-Beet

Zubereitungszeit: ca. 3/4 Std.

Für 2 Personen

1 Schalotte
1 Knoblauchzehe
50 g Lauch
2 Fleischtomaten
1 TL Diätmargarine
2 Steinbuttfilets (à 150 g)
etwas Zitronensaft
wenig Meersalz
frisch gemahlener schwarzer Pfeffer
1/4 Bund Basilikum
1/4 Bund Thymian
4 schwarze Oliven
50 ml Gemüsebrühe (Rezept Seite 52) oder trockener Weißwein

1. Die Schalotte und die Knoblauchzehe schälen und beides fein hacken. Den Lauch in feine Streifen schneiden.
2. Die Tomaten vom Stielansatz befreien, die Haut über Kreuz einritzen und die Tomaten kurz in kochendes Wasser tauchen. Dann abschrecken. Die Tomaten enthäuten, halbieren und entkernen.
3. Die Margarine mäßig erhitzen und die Schalotten und den Knoblauch darin glasig dünsten. Die Lauchstreifen hinzufügen und 2 bis 3 Minuten mitdünsten.
4. Inzwischen die Steinbuttfilets waschen und trockentupfen. Mit Zitronensaft beträufeln, salzen und pfeffern.
5. Die Basilikumblätter grob hacken, die Thymianblättchen abstreifen.
6. Das Tomatenfruchtfleisch grob würfeln und mit den Oliven zum gedünsteten Gemüse geben.
7. Die Fischfilets auf das Gemüse setzen. Die Gemüsebrühe angießen und das Ganze zugedeckt 5 bis 8 Minuten dünsten.
8. Die Kräuter über den Fisch streuen und ihn sofort servieren.

ca. 240 kcal • 32,4 g E • 8,5 g KH • 4,6 g Bst. • 73,6 mg Chol. • 6 g F •
(2035 mg MUF • 1805 mg EUF • 961 mg ges. FS) • P/S=2,1

Tip
Dazu paßt sehr gut Kräuterreis (Rezept Seite 67).

Schollenfilets mit Gemüsegraupen und Möhrensauce

Zubereitungszeit: ca. 40 Min.

Für 2 Personen

1 mittelgroße Zwiebel
1 Gewürznelke
1/2 Lorbeerblatt
80 g Graupen
200 ml Gemüsebrühe (Rezept Seite 52)
30 g Lauch
30 g Bleichsellerie
60 ml Möhrensauce (Rezept Seite 63)
1 EL Schnittlauchröllchen
2 Schollenfilets (à 100 g)
etwas Zitronensaft
wenig Meersalz
frisch gemahlener Pfeffer
2 Kirschtomaten

1. Die Zwiebel schälen und das Lorbeerblatt mit Hilfe der Gewürznelke auf der Zwiebel feststecken.
2. Die Graupen waschen und in der Gemüsebrühe mit der gespickten Zwiebel in 20 bis 30 Minuten weich kochen.
3. Inzwischen das Gemüse in kleine Würfel schneiden. Die Möhrensauce zubereiten und den Schnittlauch darunterziehen.
4. Die Schollenfilets waschen, trockentupfen und in etwas Zitronensaft marinieren.
5. Das Gemüse unter die Graupen ziehen, mit wenig Meersalz und Pfeffer abschmecken und das Gemüse gar ziehen lassen.
6. Die Schollenfilets wenig salzen und in der mäßig heißen Diätmargarine braten.
7. Die Möhrensauce auf zwei angewärmte Teller geben. Die Gemüsegraupen in einen kleinen angefeuchteten Schöpflöffel oder in eine Tasse drücken und auf die Sauce stürzen.
8. Die Schollenfilets dazulegen und mit den Kirschtomaten garnieren.

ca. 288 kcal • 21,4 g E • 35,3 g KH • 6,6 g Bst. • 49,5 mg Chol. • 4,5 g F •
(1893 mg MUF • 1071 mg EUF • 908 mg ges. FS) • P/S=2

Tip
Anstelle der Graupen können Sie Grünkern verwenden.

Rotbarben im Lauchmantel

Zubereitungszeit: ca. 3/4 Std.

Für 2 Personen

- 1 Schalotte
- 1 Knoblauchzehe
- 40 g Buchweizen
- 2 TL Diätmargarine
- 80 ml Gemüsebrühe (Rezept Seite 52)
- 50 g Champignons
- 60 g Lauch
- eventuell Gemüsebrühe (Rezept Seite 52) zum Blanchieren und zum Dünsten
- 2 Rotbarben (à 250 g), vom Rücken her entgrätet, oder 4 küchenfertige Rotbarbenfilets (à 50 g)
- etwas Zitronensaft
- wenig Meersalz
- frisch gemahlener Pfeffer

1. Die Schalotte und die Knoblauchzehe schälen und fein hacken.
2. Den Buchweizen zuerst mit kaltem, dann mit warmem Wasser waschen. In einem heißen Topf ohne Fettzugabe trocknen, bis er angenehm duftet.
3. Nun 1 Teelöffel Margarine, die Schalotte und den Knoblauch dazugeben und 3 Minuten dünsten. Dann die Gemüsebrühe angießen, aufkochen lassen und zugedeckt bei geringer Hitzezufuhr 10 bis 15 Minuten köcheln lassen. Anschließend auf der ausgeschalteten Herdplatte noch 10 Minuten nachquellen lassen.
4. Inzwischen die Champignons fein hacken. Den Lauch in einzelne Blätter teilen und diese in Gemüsebrühe oder im leicht gesalzenem Wasser 3 Minuten blanchieren. Anschließend abschrecken und trockentupfen.
5. Die Rotbarben waschen, trockentupfen, mit etwas Zitronensaft beträufeln, wenig salzen und pfeffern.
6. Ein Drittel des Buchweizens pürieren, mit den Kräutern, den Champignons und dem restlichen Buchweizen mischen und nochmals abschmecken.
7. Die Buchweizenmasse in die Fische füllen. Den Backofen auf 200°C vorheizen.
8. Jeweils vier Lauchblätter um je einen Fisch legen und fest zusammenknoten. Dabei ist wichtig, daß der Lauch nicht zu weich ist.
9. Eine heiße feuerfeste Form mit der restlichen Diätmargarine ausfetten und die Fische hineinlegen. Die Fische im eigenen Saft 25 bis 30 Minuten dünsten. Die Rotbarben eventuell mit 2 Eßlöffeln Gemüsebrühe beträufeln.
10. Kurz vor Garende den restlichen Lauch in Streifen schneiden, zu den Fischen geben und erhitzen.

ca. 210 kcal • 19,5 g E • 18 g KH • 2 g Bst. • 63 mg Chol. • 5,2 g F • (2184 mg MUF • 1096 mg EUF • 1131 mg ges. FS) • P/S=1,9

Tip

Dazu passen rote Beten, in der Folie gegart (Variation zu „Folienkartoffeln“ Rezept Seite 67), und Pellkartoffeln. Beides kann jedoch auch kleingewürfelt zusammen mit den Fischen gegart werden.
Wenn Sie Fischfilets verwenden, streichen Sie die Buchweizenfüllung auf ein Filet, decken sie mit dem anderen Filet ab und knoten die beiden Filets mit vier Lauchblättern zusammen. Die Garzeit verkürzt sich um etwa 5 Minuten.

Schellfisch mit Austernpilzen auf roten Bohnen

Quellzeit der Bohnen:
ca. 8 Std.
Zubereitungszeit: ca. 1 Std.

Für 2 Personen

- 60 g rote Bohnen
- ¼ l ungesalzene Gemüsebrühe (Rezept Seite 52)
- 1 Lorbeerblatt
- 1 kleine Zwiebel
- 1 Knoblauchzehe
- 25 g Knollensellerie
- 25 g Möhre
- 200 g Austernpilze
- 300 g Schellfischfilet
- etwas Zitronensaft
- 1 EL feines Grünkernmehl
- 50 ml trockener Weißwein
- etwas gerebelter Majoran
- Obstessig
- wenig Meersalz
- 1 TL Diätmargarine
- frisch gehackter Liebstöckel
- frisch gemahlener Pfeffer
- 1 EL frisch gehackte Blattpetersilie

1. Die Bohnen verlesen, waschen und in der Gemüsebrühe mindestens 8 Stunden, besser über Nacht, quellen lassen. Dann mit dem Lorbeerblatt 10 Minuten kochen, den Topf schließen und die Bohnen etwa ¾ Stunden köcheln lassen. Eventuell noch etwas Gemüsebrühe hinzufügen.
2. Inzwischen die Zwiebel und die Knoblauchzehe schälen und beides fein hacken.
3. Das Gemüse in kleine Würfel schneiden. Die Pilze putzen und mit einem mit Zitronensaft getränkten Tuch abreiben. Große Pilze etwas zerteilen.
4. Das Schellfischfilet waschen, trockentupfen und mit etwas Zitronensaft beträufeln.
5. Das Grünkernmehl mit dem Weißwein verrühren, unter die Bohnen geben und aufkochen lassen, mit Majoran und Obstessig abschmecken.
6. Das Fischfilet mit wenig Salz würzen und auf die Bohnen setzen.
7. Das Gemüse mit dem Knoblauch und der Zwiebel in der mäßig heißen Margarine andünsten. Die Pilze dazugeben und 2 Minuten braten.
8. Das Gemüse mit Liebstöckel, wenig Meersalz und Pfeffer würzen und über den Fisch verteilen.
9. Das Gericht 10 bis 15 Minuten abgedeckt leicht köcheln lassen, bis der Fisch gar ist. Mit der Blattpetersilie bestreuen.

ca. 328 kcal • 31,8 g E •
33 g KH • 11,4 g Bst. •
75 mg Chol. • 3,2 g F •
(1544 mg MUF • 566 mg EUF •
631 mg ges. FS) • P/S=2,5

Tip
Dazu passen sehr gut Pellkartoffeln.
Schneller geht's, wenn Sie statt der Bohnen rote Linsen verwenden. Sie sind in ½ Stunde gar.

DESSERTS UND GEBÄCK

Ein leichtes Dessert bildet den krönenden Abschluß eines Menüs. Wählen Sie bei einer cholesterinreduzierten Ernährungsweise Nachspeisen mit verschiedenem Obst und fettarmen Milchprodukten, denn sie enthalten nicht nur viele Vitamine, sondern sind auch kalorienarm und erfrischend. Seien Sie jedoch sparsam mit Zucker oder Honig, denn sie liefern unnötige Energie, und süßen Sie lieber mit ein wenig getrockneten Früchten.

Cholesterinarmes Gebäck herzustellen ist nicht einfach, denn nicht viele Teigarten können ohne Ei oder Eigelb zubereitet werden. Im folgenden Kapitel finden Sie jedoch einige geeignete Rezepte. Wenn Sie hin und wieder ein Stück Kuchen mit Eigelb essen, so ist dagegen nichts einzuwenden. Allerdings sollte er mit maximal drei Eigelben zubereitet sein und keine weiteren fett- und cholesterinreichen Zutaten enthalten. In 16 Stücke geschnitten liefert ein Stück dann etwa 56 Milligramm Cholesterin.

Verwenden Sie zum Backen, wenn möglich, staubfeines Vollkornmehl. Hat Ihr Mehl einen höheren Schrotanteil, so benötigen Sie mehr Flüssigkeit, als im Rezept angegeben ist.

Der Stärkegehalt und die Quellfähigkeit des Getreides schwanken je nach Anbaugebiet, Anbaujahr und Feuchtigkeitsgehalt des Korns. Aus diesem Grund benötigen Sie manchmal etwas mehr Flüssigkeit, als in den Rezepten angegeben ist.

Grundsätzlich gilt, daß Teige aus Vollkornmehl etwas feuchter sein müssen als vergleichbare aus Auszugsmehl, sonst wird das Gebäck zu trocken.

Teige, die Hefe enthalten, sollten immer erst dann weiterverarbeitet werden, wenn der Teig nach dem Gehen das doppelte Volumen erreicht hat. Sorgen Sie daher für eine ausreichende Wärmezufuhr (ca. 40°C).

Die angegebenen Backzeiten sollten für Sie nur Richtwerte sein. Vor allem beim Brot (Rezept Seite 18) sind die Geschmacksvorlieben sehr verschieden. Die einen bevorzugen ein eher feuchtes Brot, die anderen ein sehr trockenes. Variieren Sie daher die Backzeiten ein wenig je nach Ihrem Geschmack.

Quitten-Apfel-Kompott mit Brombeeren und Quark

Zubereitungszeit: ca. 40 Min.

Für 2 Personen

- 1 große Quitte
- 5 EL Apfelsaft
- 1 Boskopapfel
- 1 TL Zitronensaft
- 80 g Magerquark
- 1–2 EL Kefir 1,5% Fett
- 1 Msp. gemahlene Vanille
- 1 EL Honig
- 50 g Brombeeren
- 2 kleine Zweige Zitronenmelisse

1. Die Quitte schälen, halbieren, entkernen und in kleine Würfel schneiden.
2. Die Quittenwürfel in dem Apfelsaft bei geringer Hitze weich dünsten.
3. Inzwischen den Apfel in kleine Würfel schneiden und mit dem Zitronensaft beträufeln.
4. Das Quittenkompott in ein grobes Sieb schütten. Die Apfelwürfel in die abgetropfte Flüssigkeit geben und darin bißfest dünsten. Das Quittenkompott zu dem Apfelkompott geben und alles abkühlen lassen.
5. Inzwischen den Magerquark mit dem Kefir glattrühren. Mit der Vanille und dem Honig abschmecken.
6. Das Quitten-Apfel-Kompott in hohe Dessertgläser füllen und mit den gewaschenen Brombeeren und mit der Zitronenmelisse garnieren.

ca. 168 kcal • 6,4 g E •
29,5 g KH • 9,5 g Bst. •
1 mg Chol. • 1,3 g F •
(541 mg MUF • 257 mg EUF •
283 mg ges. FS) • P/S=1,9

Buttermilchmousse mit Waldbeeren und Feigensauce

Zubereitungszeit: ca. ½ Std.
Zeit zum Kühlen: ca. 1½ Std.

Für 2 Personen

- ½ Bund Pfefferminze
- 1 Msp. gemahlene Vanille
- ⅛ l Buttermilch
- 1 Blatt Gelatine
- 2 getrocknete Feigen
- 1–2 EL Orangensaft
- 50 g Dickmilch 1,5% Fett
- 1 EL Honig
- 1 Eiweiß
- sehr wenig Meersalz
- 100 g Waldbeeren (Himbeeren, Brombeeren, Heidelbeeren und andere)
- 1 EL ungesüßter Sanddornsaft

1. Zwei Pfefferminzspitzen zum Garnieren beiseite legen. Die restlichen Minzeblätter ganz fein hacken. Zusammen mit der Vanille in die Buttermilch geben und 20 Minuten ziehen lassen.
2. Inzwischen die Gelatine in wenig kaltem Wasser 5 Minuten quellen lassen.
3. Die Feigen ganz fein hacken und im Orangensaft quellen lassen.
4. Die Buttermilch durch ein feines Sieb gießen und 3 Eßlöffel davon ganz leicht erwärmen. Die ausgedrückte Gelatine darin auflösen.
5. Die Dickmilch, den Honig und die übrige Buttermilch dazurühren. Die Masse im kalten Wasserbad abkühlen lassen, dabei mehrmals umrühren.
6. Wenn die Creme zu stocken beginnt, das Eiweiß mit einer Prise Salz sehr steif schlagen und unter die Creme ziehen.
7. Die Creme in kalt ausgespülte Förmchen füllen und im Kühlschrank mindestens 1½ Stunden kühlen lassen.
8. Inzwischen die Waldbeeren verlesen, waschen und abtropfen lassen. Den Sanddornsaft unter die Feigensauce rühren und sie auf zwei Teller jeweils in der Mitte verteilen. Die Buttermilchmousse aus den Förmchen auf die Sauce stürzen.
9. Das Dessert mit den Waldbeeren und den Pfefferminzzweigen garnieren.

ca. 152 kcal • 6,6 g E •
27 g KH • 4,2 g Bst. •
3,4 mg Chol. • 1,4 g F •
(397 mg MUF • 323 mg EUF •
498 mg ges. FS) • P/S=0,8

Mohnmousse mit Brombeersauce

Zubereitungszeit: ca. ½ Std.
Zeit zum Kühlen: mindestens 2 Std.

Für 2 Personen

Für die Mohnmousse:
- 1 Blatt weiße Gelatine
- 1½ EL Mohn
- 100 ml fettarme Milch
- 50 g Magerquark
- 1–2 EL Honig
- 1 Msp. gemahlene Vanille
- 1 Eiweiß
- sehr wenig Meersalz

Für die Brombeersauce:
- 50 g Brombeeren
- 3 Backpflaumen
- einige Tropfen Zitronensaft
- 1 Msp. Delifruit

Zum Garnieren:
- 6 Brombeeren
- 6 Himbeeren
- 1 Zweig Pfefferminze

1. Die Gelatine in etwas kaltem Wasser 5 Minuten quellen lassen.
2. Den Mohn mit der Milch aufkochen und auf dem ausgeschalteten Herd 10 Minuten quellen lassen.
3. Die Gelatine ausdrücken und in der noch warmen Mohnmilch auflösen. Die Milch abkühlen lassen, bis sie nur noch lauwarm ist, und dabei ab und zu umrühren.
4. Inzwischen den zimmerwarmen Quark mit dem Honig und der Vanille verrühren. Das Eiweiß mit einer kleinen Prise Salz zu sehr steifem Schnee schlagen.
5. Die Quarkmasse mit der Mohnmasse mischen und dann den Eischnee vorsichtig darunterheben. In eine kleine, tiefe Schüssel füllen und mindestens 2 Stunden im Kühlschrank durchkühlen lassen.
6. Für die Sauce die verlesenen Brombeeren pürieren, die Backpflaumen fein hakken und beides mischen. Mit Zitronensaft und Delifruit abschmecken und auf zwei Teller verteilen.
7. Mit einem in heißes Wasser getauchten Eßlöffel pro Person sechs Nockerln abstechen und auf den Saucenspiegel setzen. Die Mousse mit den übrigen Früchten und den Minzeblättern garnieren.

ca. 186 kcal • 9,2 g E •
24,4 g KH • 3 g Bst. •
2,8 mg Chol. • 4,5 g F •
(2398 mg MUF • 652 mg EUF •
891 mg ges. FS) • P/S=2,7

Tip
Wichtig ist, daß der Quark nicht zu kalt ist, da die Gelatine sonst schnell fest wird und dabei Fäden zieht.

Variation
Statt der Brombeeren kann man auch Preiselbeeren oder frische Himbeeren verwenden.

Erdbeercreme auf frischer Aprikosensauce

Zubereitungszeit: ca. 20 Min.
Kühlzeit: ca. 1 Std.

Für 2 Personen

Für die Erdbeercreme:

2 Blatt weiße Gelatine
50 g Magerquark
100 g Kefir 1,5% Fett
1 EL Honig
einige Tropfen Zitronensaft
100 g Erdbeeren
1 Eiweiß
sehr wenig Meersalz

Für die Aprikosensauce:

50 g frische Aprikosen
2 getrocknete Feigen
1 Msp. Delifruit

Außerdem:

4 Erdbeeren
1 TL Mandelsplitter

1. Die Gelatine in kaltem Wasser einweichen.
2. Den Quark mit dem Kefir verrühren, dann mit dem Honig und etwas Zitronensaft abschmecken.
3. Die Erdbeeren mit einer Gabel zerdrücken und unter die Quarkcreme rühren.
4. Die Gelatine ausdrücken, vorsichtig in einem Wasserbad erwärmen, bis sie sich auflöst, und unter die zimmerwarme Creme rühren. Das Ganze kühl stellen und dabei ab und zu umrühren.
5. Das Eiweiß mit einer sehr kleinen Prise Salz zu sehr steifem Schnee schlagen und unter die Erdbeercreme ziehen.
6. Die Masse in zwei Glasschälchen füllen und im Kühlschrank 1 Stunde stokken lassen.
7. Für die Sauce die entsteinten Aprikosen pürieren. Die Feigen fein hacken, unter das Aprikosenmus mischen und dieses mit Delifruit würzen.
8. Die Glasschälchen vor dem Servieren kurz in heißes Wasser tauchen und die Creme auf zwei Teller stürzen. Das Dessert mit der Aprikosensauce, den Erdbeeren und den Mandelsplittern garnieren.

ca. 162 kcal • 9,6 g E •
22,3 g KH • 3 g Bst. •
3,2 mg Chol. • 2,7 g F •
(503 mg MUF • 1253 mg EUF •
657 mg ges. FS) • P/S=0,8

Tip

Es ist sehr wichtig, daß die Quarkcreme Zimmertemperatur hat, bevor man die aufgelöste Gelatine darunterzieht, denn die Gelatine kühlt sonst zu schnell ab und zieht dabei Fäden.

Variation

Statt der Aprikosen kann man auch Pfirsiche oder Nektarinen verwenden.

Orangen-Birnen-Salat

Zubereitungszeit: ca. ½ Std.

Für 2 Personen

2 getrocknete Feigen
2 EL Orangensaft
1 TL Mandelblättchen
1 unbehandelte Orange
1 Birne
einige Tropfen Zitronensaft
100 g Joghurt 1,5% Fett
½ TL abgeriebene Schale einer unbehandelten Orange

1. Die Feigen in Streifen schneiden und in dem Orangensaft 10 Minuten quellen lassen. Die Mandelblättchen in einer trockenen Pfanne anrösten.
2. Inzwischen die Orange schälen, dabei auch die weiße Haut abschneiden. Die Frucht halbieren und in gleichmäßige dünne Scheiben schneiden.
3. Die Birne waschen, halbieren, entkernen und ebenfalls in dünne Scheiben schneiden. Sofort mit Zitronensaft beträufeln.
4. Einige Feigenstreifen zum Garnieren beiseite legen. Die restlichen mit dem Joghurt pürieren und mit der Orangenschale abschmecken.
5. Die Sauce auf zwei Teller verteilen. Die Früchte darauf anrichten und mit den Mandelblättchen und den Feigen garnieren.

ca. 160 kcal • 4 g E •
26,6 g KH • 5 g Bst. •
2,6 mg Chol. • 2,8 g F •
(543 mg MUF • 1294 mg EUF •
620 mg ges. FS) • P/S=0,9

Frische Feigen auf Mandelsauce

Zubereitungszeit: ca. ¼ Std.

Für 2 Personen

10 weiße, geschälte Mandeln
75 g Joghurt 1,5% Fett
1 TL Honig
1 Msp. gemahlene Vanille
2 frische reife Feigen

1. Die Mandeln in einer trockenen heißen Pfanne leicht bräunen. Danach abkühlen lassen und fein hacken.
2. Den Joghurt mit den Mandeln verrühren und mit dem Honig und der Vanille abschmecken.
3. Die Sauce auf zwei Teller verteilen. Die gewaschenen Feigen eventuell schälen, in Spalten schneiden und auf die Mandelsauce setzen.

ca. 130 kcal • 3,5 g E •
14 g KH • 1,7 g Bst. •
2 mg Chol. • 6 g F •
(1090 mg MUF • 3847 mg EUF •
779 mg ges. FS) • P/S=1,4

Tip

Statt der Mandeln können Sie auch Mandelmus verwenden.

Reissalat mit Kiwi

Zubereitungszeit: ca. 1 Std.

Für 2 Personen

40 g Naturreis (Rundkorn)
80 ml fettarme Milch
1 Kiwi
100 g Joghurt 1,5% Fett
1 EL Honig
etwas Zimt
1 Msp. gemahlene Vanille
einige Tropfen Zitronensaft
1 EL schwarze Johannisbeeren
1 Zweig Zitronenmelisse
3 gehackte Walnußkerne

1. Den Naturreis zuerst mit kaltem, dann mit warmem Wasser waschen und mit 80 Milliliter Wasser zum Kochen bringen. Zugedeckt bei geringer Hitzezufuhr 40 Minuten quellen lassen.
2. Dann die Milch dazugeben und den Reis auf der ausgeschalteten Herdplatte 20 Minuten nachquellen lassen.
3. Inzwischen die Kiwi schälen und in Scheiben schneiden. Den Joghurt mit Honig süßen und mit Zimt, Vanille und Zitronensaft abschmecken.
4. Den abgekühlten Reis unter den Joghurt mischen und in zwei Gläser füllen.
5. Den Reis mit den Kiwischeiben, den Johannisbeeren und der Zitronenmelisse garnieren. Die Walnüsse darüberstreuen.

ca. 207 kcal • 6 g E • 32,2 g KH • 2,6 g Bst. • 4,7 mg Chol. • 4,7 g F • (2076 mg MUF • 961 mg EUF • 1243 mg ges. FS) • P/S=1,7

Tip
Kiwi enthalten ein eiweißspaltendes Enzym, das den Joghurt zersetzt und das Dessert nach einiger Zeit bitter werden läßt. Servieren Sie den Reissalat deshalb sofort.

Rhabarber-Joghurt-Eis

Zubereitungszeit: ca. ½ Std.
Gefrierzeit: ca. 5 Std.

Für 2 Personen

Für das Rhabarber-Joghurt-Eis:
100 g Rhabarber
1 EL Apfelsaft
100 g Erdbeeren
150 g Joghurt 1,5% Fett
2 EL Honig
1 Msp. Zimt
½ TL abgeriebene Schale einer unbehandelten Zitrone

Zum Garnieren:
6 Erdbeeren
2 Walnußkerne
1 Zweig Zitronenmelisse

1. Den Rhabarber in 1 Zentimeter große Stücke schneiden und im Apfelsaft etwa 10 Minuten dünsten, bis er zerfällt. Vom Herd nehmen und auskühlen lassen.
2. Inzwischen die gewaschenen Erdbeeren pürieren, unter den Joghurt mischen und alles mit dem Honig, etwas Zimt und der Zitronenschale abschmecken.
3. Das Rhabarbermus unter die Joghurtcreme ziehen, nochmals abschmecken und in zwei kalt ausgespülte Portionsförmchen füllen. Etwa 5 Stunden im Gefrierfach frieren lassen.
4. Vor dem Servieren die Förmchen kurz in heißes Wasser tauchen. Je ein Eis auf einen Teller stürzen.
5. Das Eis mit den geviertelten Erdbeeren, den Walnüssen und der Zitronenmelisse garnieren.

ca. 147 kcal • 4 g E • 25 g KH • 3 g Bst. • 4 mg Chol. • 2,7 g F • (1123 mg MUF • 746 mg EUF • 791 mg ges. FS) • P/S=1,4

Rote Birne mit Ingwersauce

Zubereitungszeit: ca. ½ Std.
Kühlzeit: ca. 20 Min.

Für 2 Personen

⅛ l Rotwein
1 Gewürznelke
1 kleines Stück frische Ingwerknolle
½ TL abgeriebene Schale einer unbehandelten Zitrone
2 kleine Williams-Christ-Birnen (à 120 g)
1 EL Preiselbeeren
50 g Dickmilch 1,5% Fett
1 Msp. frisch geriebener Ingwer
1 Msp. Currypulver
1 TL Honig
1 TL grob gehackte Pistazien

1. Den Rotwein mit der Nelke, dem Ingwer und der Zitronenschale zum Kochen bringen.
2. Inzwischen die gewaschenen Birnen halbieren, vom Kerngehäuse befreien und in dem Rotweinsud zugedeckt bißfest dünsten. Dabei die Birnen einmal wenden, damit sie sich gleichmäßig rot färben.
3. Die Birne aus dem Sud nehmen und abkühlen lassen. Den Sud sirupartig einkochen, abkühlen lassen und die Preiselbeeren darunterziehen.
4. Inzwischen die Dickmilch mit dem Ingwer, dem Currypulver und dem Honig abschmecken und auf zwei Teller verteilen. Die Birnenhälften darauf setzen und mit dem Preiselbeersirup überziehen.
5. Das Dessert mit den Pistazien bestreuen.

ca. 157 kcal • 2,2 g E • 22,6 g KH • 3,5 g Bst. • 1,5 mg Chol. • 1,6 g F • (324 mg MUF • 755 mg EUF • 430 mg ges. FS) • P/S=0,8

Ogenmelone auf Himbeersauce

Zubereitungszeit: ca. 20 Min.

Für 2 Personen

50 g Himbeeren
1 TL Honig
50 g Dickmilch 1,5% Fett
½ Ogenmelone
2 frische Datteln
3 gehackte Walnußkerne
etwas abgeriebene Schale einer unbehandelten Zitrone
1 Zweig frische Pfefferminze

1. Sechs Himbeeren zum Garnieren beiseite legen. Die restlichen Früchte mit einer Gabel zerdrücken und unter die mit dem Honig gesüßte Dickmilch rühren.
2. Die Melone von den Kernen befreien und schälen. In vier Schnitze schneiden. Die entkernten Datteln vierteln.
3. Die Himbeer-Dickmilch-Sauce auf zwei Teller gießen. Die Melonenschnitze auf den Saucenspiegel setzen und mit den Datteln, den Walnüssen und den Himbeeren garnieren.
4. Etwas Zitronenschale über die Melone streuen und das Ganze mit Pfefferminzblättern verzieren.

ca. 158 kcal • 3,2 g E • 27 g KH • 4,6 g Bst. • 1,5 mg Chol. • 3,3 g F • (1917 mg MUF • 571 mg EUF • 565 mg ges. FS) • P/S=3,4

Quarktaschen mit Pflaumenfüllung

Zubereitungszeit: ca. ½ Std.
Kühlzeit: ca. 1 Std.

Für 2 Personen

Für den Teig:
100 g Schichtkäse
30 g Diätmargarine
75 g feines Weizenvollkornmehl
1 Eiweiß
2 EL Honig
wenig Meersalz
1 Msp. gemahlene Vanille
etwas abgeriebene Schale von ½ unbehandelten Zitrone

Für die Füllung:
4 Backpflaumen ohne Stein
15 g Haselnüsse
1 EL Honig
¼ TL Zimt
1 Msp. gemahlener Ingwer

Außerdem:
1 EL Vollkornsemmelbrösel

1. Den Schichtkäse in einem Küchentuch gut ausdrücken und mit zwei Dritteln der Margarine, dem Vollkornmehl, dem Eiweiß, 1 Eßlöffel Honig, wenig Salz, der Vanille und etwas Zitronenschale zu einem geschmeidigen, glatten Teig verkneten.
2. Den Teig in Alufolie wickeln und 1 Stunde kühl stellen.
3. Die Pflaumen und die Nüsse grob hacken, mit 1 Eßlöffel Honig verrühren und die Masse mit dem Zimt und dem Ingwer abschmecken.
4. Den Teig 3 Zentimeter dick ausrollen. Sechs runde Plätzchen mit 10 Zentimeter Durchmesser ausstechen und die Füllung darauf verteilen. Die Taschen zusammenklappen und die Ränder mit einer Gabel andrücken.
5. Inzwischen reichlich leicht gesalzenes Wasser zum Kochen bringen und die Quarktaschen darin ¼ Stunde ziehen lassen.
6. Die restliche Margarine schmelzen und mit dem restlichen Honig und den Semmelbröseln mischen und über die gut abgetropften Teigtaschen geben.

1 Quarktasche enthält:
ca. 72 kcal • 2,4 g E • 9,4 g KH • 0,2 g Bst. • 0 mg Chol. • 2,5 g F • (1046 mg MUF • 498 mg EUF • 479 mg ges. FS) • P/S=2,2

Vollkorn-vanillekipferln

Zubereitungszeit: ca. ½ Std.
Kühlzeit: ca. 1 Std.
Backzeit: ca. 20 Min.

Für ca. 40 Stück

- 125 g Diätmargarine
- 80 g Honig
- 4 Msp. gemahlene Vanille
- wenig Meersalz
- 225 g feines Dinkelvollkornmehl
- 50 g feingemahlene Mandeln

1. Die Diätmargarine mit dem Honig schaumig rühren. Die Vanille und wenig Meersalz darunterrühren.
2. Das Dinkelmehl mit den Mandeln mischen und nach und nach unter den Teig rühren.
3. Den Teig zu einer etwa 4 Zentimeter dicken Rolle formen, in Alufolie wickeln und etwa 1 Stunde kühl stellen.
4. Den Backofen auf 175°C vorheizen. Die Teigrolle in 40 gleich große Stücke schneiden, diese leicht aufrollen und zu kleinen Hörnchen (Kipferln) biegen.
5. Die Kipferln auf ein mit Backtrennpapier ausgelegtes Backblech setzen und auf der mittleren Schiene 15 bis 20 Minuten backen.

40 Kipferln enthalten:
ca. 2244 kcal • 37 g E • 206 g KH • 26,2 g Bst. • 0 mg Chol. • 132,4 g F • (54540 mg MUF • 36449 mg EUF • 24357 mg ges. FS) • P/S=2,2

1 Kipferl enthält: ca. 56 kcal • 1 g E • 5 g KH • 0,6 g Bst. • 0 mg Chol. • 3,2 g F • (1349 mg MUF • 889 mg EUF • 602 mg ges. FS) • P/S=2,2

Vollkornspekulatius

Zubereitungszeit: ca. ½ Std.
Kühlzeit: ca. 2½ Std.
Backzeit: ca. ¼ Std.

Für ca. 30 Stück

- 150 g feines Weizenvollkornmehl
- 50 g gemahlene Mandeln
- 75 g Honig
- 100 g Diätmargarine
- abgeriebene Schale von ½ unbehandelten Zitrone
- ¼ TL Zimt
- 1 Msp. gemahlene Nelke
- 1 Msp. gemahlene Muskatblüte
- 1 Eiweiß
- 10 g Mandelblättchen
- etwas Vollkornmehl zum Ausstreuen

1. Das Mehl auf ein Backblech geben, die Mandeln, den Honig und die kleingewürfelte Margarine darauf setzen.
2. Die Zitronenschale und die Gewürze darüberstreuen und die Zutaten mit einem großen Messer so lange durchhacken, bis sie gut vermischt sind.
3. Das Eiweiß in die Mitte des Teiges geben und alles rasch verkneten. Den Teig in Alufolie wickeln und 2 Stunden kühl stellen.
4. Ein Backblech mit Backtrennpapier auslegen und die Mandelblättchen darauf verteilen. Den Backofen auf 175° C vorheizen.
5. Den Teig zwischen 2 Stück Alufolie etwa 4 Millimeter dick ausrollen. Ein Spekulatiusmodel mit etwas Mehl ausstreuen und gleichmäßig fest auf den Teig drücken. Den überstehenden Teig mit einem scharfen Messer abschneiden.
6. Die Spekulatiusstücke auf das vorbereitete Backblech legen und nochmals ½ Stunde kalt stellen. Dann auf der mittleren Schiene im vorgeheizten Backofen in 15 bis 20 Minuten goldgelb backen.

30 Spekulatius enthalten:
ca. 1805 kcal • 30,4 g E •
156 g KH • 19,3 g Bst. •
0 mg Chol. • 111 g F •
(44272 mg MUF •
32748 mg EUF •
19827 mg ges. FS) • P/S=2,3

1 Spekulatius enthält:
ca. 60 kcal • 1 g E •
5,2 g KH • 0,6 g Bst. •
0 mg Chol. • 3,7 g F •
(1476 mg MUF • 1092 mg EUF •
6609 mg ges. FS) • P/S=2,3

Tip
Je nach Margarinesorte kann der Teig etwas zu weich werden. Dann etwas mehr Mehl dazukneten oder den Teig länger kühlen lassen.

Vollkornplätzchen „Heidesand"

Zubereitungszeit: ca. ½ Std.
Kühlzeit: ca. 1 Std.
Backzeit: ca. ¼ Std.

Für ca. 25 Stück

- **125 g Diätmargarine**
- **80 g Honig**
- **1 EL fettarme Milch**
- **1 Msp. gemahlene Vanille**
- **175 g feines Weizenvollkornmehl**
- **½ TL Weinsteinbackpulver**

1. Die Margarine mit dem Honig schaumig rühren. Dann nach und nach die Milch und die Vanille darunterrühren.
2. Das Mehl mit dem Backpulver mischen und unter den Teig kneten.
3. Aus dem Teig Rollen von 3 Zentimeter Durchmesser formen. Diese in Alufolie wickeln und mindestens 1 Stunde kühl stellen.
4. Den Backofen auf 175°C vorheizen. Ein Backblech mit Backpapier auslegen.
5. Die Rollen in ½ Zentimeter dicke Scheiben schneiden und mit 1 Zentimeter Abstand auf das Blech legen.
6. Die Plätzchen in etwa 15 Minuten goldgelb backen. Auf einem Kuchengitter abkühlen lassen.

25 Plätzchen enthalten:
ca. 1772 kcal • 22 g E •
171,4 g KH • 16,8 g Bst. •
0,5 mg Chol. • 104,4 g F •
(48771 mg MUF • 17966 mg EUF •
21981 mg ges. FS) • P/S=2,2

1 Plätzchen enthält:
ca. 70 kcal • 0,8 g E •
6,8 g KH • 0,6 g Bst. •
0 mg Chol. • 4,2 g F •
(1951 mg MUF • 719 mg EUF •
880 mg ges. FS) • P/S=2,2

Feigenmuszopf

Zeit zum Gehen: ca. 1¼ Std.
Zubereitungszeit: ca. ½ Std.
Backzeit: ca. ½ Std.

Für 1 Zopf (ca. 20 Scheiben)

250 g feines Weizenvollkornmehl
20 g Hefe
2 EL Honig
⅛ l fettarme Milch
3 getrocknete Feigen
50 ml (frisch gepreßter) Orangensaft
40 g Diätmargarine
wenig Meersalz
1 EL Honig
3 EL Mandelblättchen
etwas Vollkornmehl zum Ausrollen
1–2 EL fettarme Milch zum Bestreichen

1. In das Vollkornmehl eine Mulde drücken. Die Hefe hineinbröckeln und den Honig darübergeben.
2. Die Hälfte der Milch leicht erwärmen und über die Hefe gießen. Mit etwas Mehl vom Muldenrand mischen. Den Teigansatz mit einem Küchentuch abgedeckt an einem warmen Ort ¼ Stunde gehen lassen.
3. Inzwischen die Feigen fein hacken und in dem Orangensaft einweichen.
4. Die Margarine schmelzen lassen und mit der restlichen Milch und wenig Salz zum Vorteig geben. Die Zutaten rasch zu einem glatten Teig verkneten. Den Teig wieder mit einem Küchentuch abdecken und so lange an einem warmen Ort gehen lassen, bis er das doppelte Volumen erreicht hat.
5. Die Feigen pürieren und mit dem Honig und den Mandeln mischen.
6. Den Hefeteig nach dem Gehen nochmals kneten und auf einer bemehlten Fläche zu einem Rechteck von 20 mal 30 Zentimetern ausrollen. Das Feigenmus auf den Teig streichen und die Teigplatte in drei gleich große, 10 Zentimeter breite Streifen schneiden.
7. Die Teigstreifen zusammenrollen, dabei noch etwas ausziehen. Die drei Rollen zu einem Zopf flechten.
8. Den Hefezopf auf ein mit Backtrennpapier ausgelegtes Blech setzen. Abgedeckt an einem warmen Ort bis zur doppelten Größe aufgehen lassen.
9. Inzwischen den Backofen auf 200°C vorheizen und den Zopf ½ Stunde backen. Nach 20 Minuten mit der Milch bestreichen.

1 Scheibe enthält: ca. 84 kcal • 2,2 g E • 12 g KH • 1,7 g Bst. • 0,4 mg Chol. • 2,6 g F • (1044 mg MUF • 735 mg EUF • 518 mg ges. FS) • P/S=2

Aprikosenstrudel

Zubereitungszeit: ca. ¼ Std.
Kühlzeit: ca. 1 Std.
Backzeit: ca. ½ Std.

Für 1 Strudel
(ca. 20 Portionen)

Für den Vollkornquarkblätterteig:

- 125 g Magerquark
- 175 g feines Weizenvollkornmehl
- 100 g Diätmargarine
- wenig Meersalz

Für die Füllung:

- 500 g reife Aprikosen
- 50 g feingeriebene Mandeln
- 1–2 EL Vollkornsemmelbrösel
- 50 g Magerquark
- 1 Eiweiß
- 1 EL Honig
- etwas abgeriebene Schale einer unbehandelten Zitrone
- 1 Msp. Delifruit

Außerdem:

- 1 EL Diätmargarine zum Bestreichen und Ausfetten

1. Den Magerquark in einem Küchentuch gut ausdrücken. Dann mit dem Vollkornmehl, der Margarine und wenig Meersalz zu einem glatten Teig verkneten.
2. Den Teig in Alufolie wickeln und mindestens 1 Stunde kühl stellen.
3. Inzwischen die Füllung zubereiten. Dazu die Aprikosen entsteinen und vierteln.
4. Die Mandeln und die Vollkornsemmelbrösel mit dem Magerquark und dem Eiweiß verrühren und mit dem Honig, etwas Zitronenschale und dem Delifruit abschmecken.
5. Den Teig zwischen zwei Stück Alufolie 30 mal 40 Zentimeter groß und 3 Millimeter dick ausrollen. Die obenliegende Folie abziehen.
6. Die Mandelmasse auf die Teigplatte streichen und dann die Aprikosen darauf verteilen. Den Backofen auf 250° C vorheizen.
7. Den Teig mit Hilfe der zweiten Folie von der breiten Seite her zusammenrollen. Auf ein gefettetes Blech setzen und mit der geschmolzenen Margarine bestreichen.
8. Den Strudel auf der mittleren Schiene 10 Minuten backen. Dann die Temperatur auf 180° C herunterschalten und den Strudel noch weitere 20 bis 25 Minuten backen.

1 Portion enthält: ca. 105 kcal • 3 g E • 9 g KH • 1,5 g Bst. • 0 mg Chol. • 6 g F • (2238 mg MUF • 1660 mg EUF • 1011 mg ges. FS) • P/S=2,2

Tip
Der Strudel kann auch sehr gut in einer Form gebacken werden.

Tagespläne

Berglinsen mit Auberginen und Mais (Rezept S. 81)

Gemüsepuffer mit Feldsalat und Radieschen (Rezept S. 77)

Gemüse-Lamm-Pilaw (Rezept S. 89)

Vorschlag 1

Frühstück
Haferflocken mit Mango und Nüssen (S. 24)
Zwischenmahlzeit
Brötchen mit Camembert (S. 22)
Mittagessen
Spinat-Brennessel-Frischkost (S. 40)
Berglinsen mit Auberginen und Mais (S. 81)
Rhabarber-Joghurt-Eis (S. 116)
Abendessen
Gurkensalat (S. 39)
Pellkartoffeln mit Lachs und Currysauce (S. 99)

ca. 1470 kcal • 66 g E • 180 g KH • 31,2 g Bst. • 58 mg Chol. • 44,6 g F • (17734 mg MUF • 10873 mg EUF • 9924 mg ges. FS) • P/S=1,8

Vorschlag 2

Frühstück
Vollkornbaguette mit Frischkäse (S. 20)
Zwischenmahlzeit
Grapefruit mit Dattelmus (S. 27)
Mittagessen
Borschtsch mit Zanderfilet und roten Linsen (S. 61)
Gemüsepuffer mit Feldsalat und Radieschen (S. 77)
Frische Feigen auf Mandelsauce (S. 114)
Abendessen
Staudensellerie mit Walnußsauce (S. 42)
Hirseaufstrich (S. 30)
2 Vollkornbrötchen (S. 18)

ca. 1640 kcal • 67,8 g E • 172 g KH • 34,3 g Bst. • 79,7 mg Chol. • 56 g F • (24263 mg MUF • 13581 mg EUF • 11258 mg ges. FS) • P/S=2,2

Vorschlag 3

Frühstück
Weizenkeimlinge mit Erdbeeren und Banane (S. 25)
Zwischenmahlzeit
Auberginencreme mit Basilikum (S. 30)
3 Scheiben Sesambrot (S. 18)
Mittagessen
Chinakohl in Orangensauce (S. 38)
Rotbarbenfilets auf Ingwergemüse (S. 104)
1 Portion Naturreis (S. 67)
Buttermilchmousse (S. 113)
Abendessen
Grünkernsüppchen (S. 55)
Gemüsesalat mit Erbsenkeimlingen (S. 41)
1 Vollkornbrötchen (S. 18)

ca. 1480 kcal • 67 g E • 182,4 g KH • 31,4 g Bst. • 108 mg Chol. • 44 g F • (20015 mg MUF • 9840 mg EUF • 8111 mg ges. FS) • P/S=2,5

Vorschlag 4

Frühstück
Brot mit Aprikosencreme (S. 22)
Zwischenmahlzeit
Kiwi-Orangen-Müsli (S. 23)
Mittagessen
Kohlrabi-Melonen-Frischkost (S. 42)
Gemüse-Lamm-Pilaw (S. 89)
Erdbeercreme auf frischer Aprikosensauce (S. 114)
Abendessen
Kerbelsüppchen (S. 52)
Gefüllte Tomate (S. 28)
1 Vollkornbrötchen (S. 18)

ca. 1560 kcal • 64,6 g E • 195 g KH • 36 g Bst. • 52,2 mg Chol. • 46,5 g F • (20982 mg MUF • 12516 mg EUF • 10558 mg ges. FS) • P/S=2

Vorschlag 5

Frühstück
Frischkornmüsli mit Trockenobst (S. 23)
Zwischenmahlzeit
Knäckebrot mit Frischkost (S. 20)
Mittagessen
Möhren-Weißkohl-Frischkost (S. 39)
Getreideauflauf mit Mais (S. 72)
Ogenmelone auf Himbeersauce (S. 117)
Abendessen
Bohnensalat auf Eichblattsalat (S. 48)
1 Vollkornbrötchen (S. 18) mit 2 TL Diätmargarine

ca. 1482 kcal • 49,2 g E • 174 g KH • 42,6 g Bst. • 28 mg Chol. • 56 g F • (22957 mg MUF • 14895 mg EUF • 12053 mg ges. FS) • P/S=2

Vorschlag 6

Frühstück
Hirse-Melonen-Müsli (S. 24)
Zwischenmahlzeit
Radieschenquark auf Vollkornbrot (S. 21)
Mittagessen
Feldsalat mit Roggenkeimlingen (S. 38)
Mais-Bohnen-Gemüse mit Hähnchenbrust (S. 91)
1 Stück Feigenmuszopf (S. 122)
Abendessen
Topinambur-Rotkohl-Frischkost (S. 40)
Vollkornnudeln mit Tomatensauce (S. 75)

ca. 1474 kcal • 65,2 g E • 201,6 g KH • 51,7 g Bst. • 92,2 mg Chol. • 35,2 g F • (16561 mg MUF • 7431 mg EUF • 6913 mg ges. FS) • P/S=2,4

Wichtiges zum Kochen mit Getreide

Getreide	Verhältnis von Getreidemenge zu Flüssigkeitsmenge	Quellzeit	Kochzeit (bei geringer Hitze)	Nachquellzeit (auf ausgeschalteter Herdplatte)
Dinkel Dinkelschrot, grob	1 : 2 1 : 2	8 bis 10 Stunden –	etwa 30 Minuten 15 bis 20 Minuten	30 Minuten 30 Minuten
Weizen Weizenschrot, grob	1 : 2,5 1 : 2	10 Stunden –	1 Stunde 15 bis 20 Minuten	1 Stunde 30 Minuten
Roggen Roggenschrot, grob	1 : 2,5 bis 3 1 : 2,2	10 Stunden –	etwa 1 Stunde 15 bis 20 Minuten	1 Stunde 30 Minuten
Gerste Gerstenschrot, grob	1 : 2,2 1 : 2	10 Stunden –	etwa 1 Stunde 15 bis 20 Minuten	1 Stunde 30 Minuten
Hafer Haferschrot, grob	1 : 1,5 bis 1,8 1 : 2	– –	20 bis 30 Minuten 10 bis 20 Minuten	30 Minuten 10 Minuten
Hirse	1 : 2,5	–	5 bis 10 Minuten	20 Minuten
Maisgrieß	1 : 4	–	10 bis 15 Minuten	20 Minuten
Grünkern Grünkernschrot, grob	1 : 2 1 : 1,8	– –	20 bis 30 Minuten 10 bis 15 Minuten	20 bis 30 Minuten 15 bis 20 Minuten
Buchweizen	1 : 2	–	15 bis 20 Minuten	10 bis 20 Minuten
Naturreis Naturreisschrot, grob	1 : 2 1 : 2	– –	30 bis 40 Minuten 15 bis 20 Minuten	30 Minuten 10 bis 15 Minuten

Anmerkungen:
Die **Nachquellzeit** kann verkürzt werden, es empfiehlt sich jedoch bei Personen mit empfindlichem Magen, das Getreide nachquellen zu lassen. **Sprießkorngetreide** sind spelzenlos gezüchtete Getreide, die im Reformhaus angeboten werden. Sie eignen sich vor allem zum Keimen. Wenn Sie Sprießkorngetreide kochen, benötigen Sie etwas mehr Flüssigkeit, als in der Tabelle angegeben ist, und eine etwas längere Kochzeit.

Ganze Getreidekörner kochen

1. Das Getreide zuerst mit warmem, dann mit kaltem Wasser waschen und in Wasser, am besten über Nacht, quellen lassen.
2. Am nächsten Tag die Körner mit dem Einweichwasser oder **ungesalzener** Gemüsebrühe aufkochen, dann Gewürze hinzufügen und bei geringer Hitze im geschlossenen Topf kochen lassen. Kochen Sie die Körner bei größerer Hitzezufuhr, benötigen sie mehr Flüssigkeit. Erst wenn die Körner zu platzen beginnen, Salz hinzufügen.
3. Zum Nachquellen die Körner auf dem ausgeschalteten Herd stehen lassen oder im Wasserbad im Ofen bei 70 bis 80° C oder in einem Thermogefäß quellen lassen.

Tip
Die in der Tabelle angegebene Flüssigkeitsmenge schwankt je nach Getreidesorte, Feuchtigkeit der Körner und Wasserhärte.

Vollkornschrot und -mehl kochen

Vollkornschrot setzt man entweder in kalter oder leicht erwärmter Gemüsebrühe an und läßt es unter ständigem Rühren aufkochen. Dann bei geringer Hitzezufuhr köcheln und auf der ausgeschalteten Herdplatte nachquellen lassen.

Keime und Sprossen auf einen Blick

Sprossen und Keime ziehen

Keimlinge sind eine preiswerte und schmackhafte Alternative zu vielen Salaten und zu Gemüse. Die Anzucht ist äußerst einfach. Die Samen benötigen Wasser, Sauerstoff und ausreichende Temperatur, um zu wachsen, so daß aus dem Trokkenprodukt eine knackig frische, vitaminreiche Sprosse wird. Keimlinge aus Hülsenfrüchten sollten Sie vor der Verwendung kurz blanchieren, da sie Stoffe enthalten, die gesundheitsschädlich sein können, die aber durch das Erhitzen zerstört werden. Im Handel werden verschiedene Keimgeräte angeboten. Wer keinen speziellen Keimapparat besitzt, kann Keimlinge von großen Samen sehr gut in einem Sieb ziehen. Hängen Sie das Sieb dazu in eine Schüssel, und decken Sie es mit einem Teller ab. Auch ein Einmachglas, mit Gaze abgedeckt, eignet sich sehr gut zur Anzucht. Benutzen Sie die Gaze wie ein Sieb.

Sorte	Quellzeit in Stunden	Anzahl der Spülvorgänge pro Tag	Keimzeit in Tagen	Länge des Keims	ungefährer Ertrag: Samen
Adzukibohne	12	3	4	Bohnenlänge	3 : 1
Alfalfa	8	2	7–10	max. 10 cm	5 : 1
Bockshornklee	6–8	2	2	Samenlänge	4 : 1
Buchweizen, ungeschält	–	2	2–3	0,5 cm	2,5–3 : 1
Erbse	12	2–3	3	Erbsenlänge	2 : 1
Hirse, ungeschält	8	2–3	3	0,2 cm	1,5 : 1
Kichererbse	12	3–4	3	0,5 cm	3–4 : 1
Kresse	–	1	6–8	4 cm	2 : 1
Kürbis	12	3	2–3	0,3 cm	2 : 1
Leinsamen	–	1	2–3	Samenlänge	1,5 : 1
Linse	8	2–3	3	2 cm	4–6 : 1
Mungobohne	12	2–3	3–4	2 cm	5–6 : 1
Nacktgerste	8	1–2	2–3	Kornlänge	2 : 1
Nackthafer	4	2	2–3	Kornlänge	2 : 1
Rettich	–	2–3	3–4	0,3 cm	2–3 : 1
Roggen	12	2	2–3	Kornlänge	2 : 1
Senf	–	1	2–3	bis 0,5 cm	2 : 1
Sesam	6	2	2	0,2 cm	1,5 : 1
Sojabohne, gelbe	12	3–4	3–4	Bohnenlänge	4 : 1
Sonnenblume	6	2–3	2	Kernlänge	2 : 1
Weizen	12	2	2–3	Kornlänge	2 : 1

Und so wird's gemacht:

1. Die Samen waschen und Schmutzteile, zerbrochene Samen oder eventuelle Fremdsamen herauslesen. Die Samen in ein Anzuchtgefäß geben und quellen lassen.

2. Dann das Einweichwasser abgießen, nicht gequollene Samen eventuell aussortieren. Die Samen spülen und ein wenig auflockern.

3. Danach das Gefäß so stellen, daß das Restwasser gut abfließen kann und die Samen gut belüftet werden. Das ist wichtig, da die Keimlinge Sauerstoff brauchen, um zu wachsen, und so Schimmelbildung verhindert wird. Die Keimlinge nun wachsen lassen, während dieser Zeit mehrmals täglich mit Wasser spülen und gut abtropfen lassen.

4. Zum Ernten die Keimlinge in ein großes Gefäß mit kaltem Wasser geben. An der Oberfläche schwimmen dann die gekeimten Samen, die Samen, die nicht gekeimt haben, setzen sich unten ab.

REZEPTVERZEICHNIS

Frühstück- und Zwischenmahlzeiten

Salate

Suppen

Saucen und Beilagen

Vegetarische Hauptgerichte

Hauptgerichte mit Fleisch und Geflügel

In gleicher Ausstattung sind erschienen:
Vollwertküche für Genießer (4412)
Cholesterinarm kochen und genießen (4442)
Kochen und Backen für Diabetiker (4467)
Vollwertküche für Diabetiker (4473)

Speziell zum Thema Cholesterin bietet der FALKEN Verlag darüber hinaus an:
Die aktuelle Cholesterintabelle (1088)
Was man alles über Cholesterin wissen muß (1188)
Cholesterinarme Trennkost (4475)
Diät bei Fettstoffwechselstörungen (3208)

CIP-Titelaufnahme der Deutschen Bibliothek

Die **Cholesterin-Minuskur** : so senken Sie Ihr Infarktrisiko ; Gerichte, die wirklich schmecken ; alle Rezepte mit Angaben zu Cholesterin, Gesamtfett und den wichtigsten Fettsäuren / Gunther Hölz ; Helmut Million. Mit einem Vorw. von Gerd Assmann. – Niedernhausen/Ts. : FALKEN, 1991
(FALKEN Sachbuch)
ISBN 3-8068-4512-3
NE: Hölz, Gunther; Million, Helmut

ISBN 3 8068 4512 3

Titelbild und Fotos: Studio Margit Schwarz, Frankfurt
(Rezept „Lammfilet mit Mangold“ Seite 86)
Fotos: S. 4 oben: Brigitte Harms, Hamburg; S. 4 unten, 5, 8, 9 links, 9 rechts unten, 10 oben, 11 (2 Fotos), 15, 125, 126 (3 Fotos): TLC-Foto-Studio GmbH, Velen-Ramsdorf; S. 9 rechts oben: Eberle Fotostudio, Schwäbisch Gmünd; S. 10 Mitte: Kienitz & Grabis (hoppla), Schondorf; S. 10 unten: Pool Gesellschaft für Werbefotografie mbH, Griesheim
Zeichnung S. 7: Ulrike Hoffmann, Bodenheim

Die Ratschläge in diesem Buch sind von den Autoren und vom Verlag sorgfältig erwogen und geprüft, dennoch kann eine Garantie nicht übernommen werden. Eine Haftung der Autoren bzw. des Verlags und seiner Beauftragten für Personen-, Sach- und Vermögensschäden ist ausgeschlossen.

Satz: LibroSatz, Kriftel bei Frankfurt/Main
Druck: Ernst Uhl, Radolfzell

817 2635 4453 6271